职业教育
精准脱贫班开办策略

陈海梁　王太广◎著

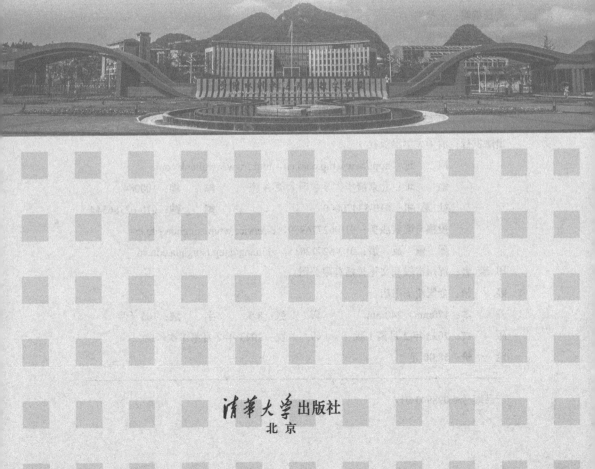

清华大学出版社
北京

本书封面贴有清华大学出版社防伪标签，无标签者不得销售。

版权所有，侵权必究。举报：010-62782989，beiqinquan@tup.tsinghua.edu.cn。

图书在版编目(CIP)数据

职业教育精准脱贫班开办策略 / 陈海梁，王太广著 . 一北京：清华大学出版社，2023.1

ISBN 978-7-302-62158-4

Ⅰ．①职… Ⅱ．①陈…②王… Ⅲ．①职业教育－扶贫－研究－贵州 Ⅳ．①G719.2

中国版本图书馆 CIP 数据核字 (2022) 第 213360 号

责任编辑：王燊娉	
封面设计：赵晋锋	
版式设计：方加青	
责任校对：成凤进	
责任印制：宋　林	

出版发行：清华大学出版社
网　　址：http://www.tup.com.cn，http://www.wqbook.com
地　　址：北京清华大学学研大厦 A 座　　邮　编：100084
社 总 机：010-83470000　　邮　购：010-62786544
投稿与读者服务：010-62776969，c-service@tup.tsinghua.edu.cn
质 量 反 馈：010-62772015，zhiliang@tup.tsinghua.edu.cn
印 装 者：涿州市般润文化传播有限公司
经　　销：全国新华书店
开　　本：170mm×240mm　　印　张：8.5　　字　数：105 千字
版　　次：2023 年 2 月第 1 版　　印　次：2023 年 2 月第 1 次印刷
定　　价：68.00 元

产品编号：098943-01

前　言

　　本书来源于贵州省教育厅职业教育科学研究项目。该项目于2017年8月开始策划，在取得一定研究成果的基础上按照《省教育厅办公室关于申报2018年度职业教育科研项目的通知（黔教办职成〔2017〕265号）》文件要求，于2017年12月申报贵州省教育厅职业教育科学研究项目重点课题，2018年2月正式立项，到2018年7月底顺利结题。整个研究经历了课题策划、课题启动、基础研究、实证研究和结题报告撰写5个阶段。

　　本书着力于贵州省职业教育领域，通过对全国其他省份和贵州省全免费订单职业教育精准脱贫班开办现状的研究分析，总结出全免费订单职业教育精准脱贫班办班的招生、培养和就业等策略与措施，有助于提高开办措施的精准性，增加精准脱贫学生和家庭数量，以响应党中央打赢脱贫攻坚战、消灭贫穷、实现共同富裕的号召。

　　本书主要研究以下3点内容：第一，通过文献和访谈等方式，收集整理贵州省和全国其他省份全免费订单职业教育精准脱贫班的开办现状。第二，通过问卷和个案研究的方式，分析贵州省精准脱贫户现状和致贫原因，分析精准脱贫户子女受教育情况。需要说明的是，本书部分数据在占比统计中，因四舍五入会引起项目加总不等于100%的情况出现。第三，结合全免费订单职业教育精准脱贫班开办现状和精准脱贫户及其子女教育状况,力求探索出一套适合贵州省职业教育特征的全免费订单职业教育精准脱贫班开办策略。

著 者

2022 年 9 月

目 录

第一章 研究背景及价值 ·· 1
    第一节 研究背景 ·· 2
    第二节 研究价值 ·· 4

第二章 研究目标、思路与方法 ······································· 5
    第一节 研究目标 ·· 6
    第二节 研究思路 ·· 7
    第三节 研究方法 ·· 9

第三章 职业教育精准脱贫的理论研究 ····························· 11
    第一节 理论研究现状概述 ··· 12
        一、国外研究现状 ·· 12
        二、国内研究现状 ·· 13
    第二节 职业教育脱贫的关键支撑理论 ························· 16
        一、人力资本理论 ·· 16
        二、可行能力理论 ·· 17
        三、动态贫困理论 ·· 18
    第三节 理论研究小结 ·· 19

第四章　全免费订单职业教育精准脱贫班开办现状分析 ………… 21

第一节　我国其他省份全免费订单职业教育精准脱贫班开办现状 … 22
一、职业教育精准脱贫一般形式 ………………………………… 22
二、其他省份具体实施策略案例 ………………………………… 24

第二节　贵州省全免费订单职业教育精准脱贫班开办现状分析 …… 38
一、整体情况 ……………………………………………………… 38
二、具体措施 ……………………………………………………… 39

第三节　贵州水利水电职业技术学院案例研究 ………………………… 41
一、访谈及问卷调研情况 ………………………………………… 41
二、全免费订单职业教育精准脱贫班开办策略 ………………… 49
三、典型成果案例 ………………………………………………… 59

第四节　贵州省全免费订单职业教育精准脱贫班开办存在的问题 … 62
一、大众对职业教育的认识有待转变 …………………………… 62
二、贫困人口的精准识别困难 …………………………………… 66
三、职业教育院校积极主动服务意识不强 ……………………… 66
四、职业教育精准脱贫的措施有待改善 ………………………… 67
五、职业教育精准脱贫的效果需要提升 ………………………… 67

第五章　贵州省全免费订单职业教育精准脱贫班开办策略 ………… 69

第一节　精准摸底 ……………………………………………………… 70
一、摸底精准 ……………………………………………………… 70
二、建档立卡 ……………………………………………………… 71

第二节　精准合作 ……………………………………………………… 72
一、校政合作 ……………………………………………………… 72
二、校企合作 ……………………………………………………… 73

    第三节　精准招生 ·· 74
    第四节　精准资助 ·· 75
        一、全免费 ·· 75
        二、提供生活补助 ··· 76
        三、提供勤俭助学岗位 ··· 76
    第五节　精准培养 ·· 77
        一、定制人才培养模式 ··· 77
        二、技能培训 ·· 77
        三、普通话培训 ·· 78
    第六节　精准就业 ·· 79
        一、定向就业 ·· 79
        二、精准跟踪 ·· 79

第六章　研究结论与展望 ·· 81
    第一节　课题研究结论 ·· 82
    第二节　课题研究展望 ·· 84

附录 ··· 85
    附录 A　名词解释 ·· 86
    附录 B　贵州省职业教育精准脱贫重要文件 ································· 88
    附录 C　课题组成员名单及分工 ·· 89
    附录 D　调研样本量统计 ··· 90
    附录 E　问卷调查报告 ·· 91
    附录 F　课题开展过程的佐证材料 ··· 117

参考文献 ·· 123

第一章
研究背景及价值

第一节
研究背景

为深入推进我国扶贫开发工作，2011年中共中央、国务院发布了《中国农村扶贫开发纲要（2011—2020年）》，明确了"把连片特困地区作为主战场，把稳定解决扶贫对象温饱、尽快实现脱贫致富作为首要任务"[1]。目前，我国把扶贫纳入"四个全面"的战略内容，实施精准扶贫。2015年发布的《中共中央 国务院关于打赢脱贫攻坚战的决定》，提出了"到2020年，稳定实现农村贫困人口不愁吃、不愁穿，义务教育、基本医疗和住房安全有保障。实现贫困地区农民人均可支配收入增长幅度高于全国平均水平，基本公共服务主要领域指标接近全国平均水平。确保我国现行标准下农村贫困人口实现脱贫，贫困县全部摘帽，解决区域性整体贫困"[2]。习近平总书记在"2015减贫与发展高层论坛"上发表主旨演讲，向世界承诺"未来5年，我们将使中国现有标准下7000多万贫困人口全部脱贫"[3]。

精准扶贫概念的提出，是习近平总书记"四个全面"战略布局中"全面建成小康社会"[4]的现实阐释。2017年两会期间，习近平总书记在参加四川代表团审议时指出："改进脱贫攻坚动员和帮扶方式，扶持谁、谁来扶、怎么扶、如何退,全过程都要精准,有的时候需要下一番'绣花'功夫。"[5]在"2017减贫与发展高层论坛"上,教育部副部长孙尧明确指出:职教扶贫要落精准、强基础、抓协作、重就业,实现"职教一人、就业一人、脱贫一家"的目标[6]。

然而,贵州是全国脱贫攻坚的主战场,是贫困面最广、贫困程度最深、脱贫攻坚任务最重的省份,目前建档立卡贫困人口①68.6万余人,要建立全覆盖、可持续性的小康社会,需要结合职业教育大力提升脱贫的速度。2016年贵州省在全国率先制定《贵州省教育精准脱贫规划方案(2016—2020年)》,实施八大教育扶贫计划,强力推进教育精准扶贫。该方案明确指出"要以职业教育为突破,着力加强贫困家庭学生技术技能教育和培训,带动贫困家庭脱贫致富,实现'职教一人、就业一个、脱贫一家'"[7]。治贫先治愚,教育是挖掉穷根的关键,是阻断贫困代际传递最有效的方式,而职业教育又是最直接、最现实、成本最低、见效最快的途径。

---

① 建档立卡贫困人口,是指各省(自治区、直辖市)在已有工作基础上,坚持扶贫开发和农村最低生活保障制度有效衔接,按照县为单位、规模控制、分级负责、精准识别、动态管理的原则,对每个贫困户建档立卡,建设全国扶贫信息网络系统。扶贫开发建档立卡就是要对贫困户和贫困村进行精准识别,了解贫困状况,分析致贫原因,摸清帮扶需求,明确帮扶主体,落实帮扶措施,开展考核问效,实施动态管理,检查帮扶责任人履职情况和贫困对象脱贫情况。

第二节
研究价值

精准扶贫是我国在新时期高瞻远瞩的选择，需要配套的教育扶贫方案，精准脱贫的教育方案更需要强化和稳定，精准地面向贫困地区和贫困人口的职业教育是服务精准脱贫的重要方式。基于精准定位对象、培养目标、培养方案和管理方式，确立发展精准脱贫的定向贫困地区的职业教育基本思路。开办精准扶贫班，建设师资队伍，推进服务精准脱贫的定向农村职业教育发展。

在坚持精准脱贫、精准扶贫的同时，要充分认识到职业教育在帮助贫困人口脱贫中的作用，"贵在精准，重在精准，成败之举在于精准"[8]。2018年要加大对贫困地区职业教育的支持力度，职业教育是阻断贫困代际传递，以实现精准脱贫的重要方式。

本书的撰写目的是希望能引导政府、行业企业、贫困人口对全免费订单职业教育精准脱贫班的作用形成共识，使全免费订单职业教育精准脱贫班的社会环境得到优化；为全免费订单职业教育精准脱贫班的开办提供策略借鉴，增强脱贫精准性，增加脱贫成效；为政府制定切实可行的全免费订单职业教育精准脱贫班相关的政策措施提供现实依据，为政府进行相关的决策提供参考。

第二章
研究目标、思路与方法

第一节
研究目标

本书着力于贵州省职业教育领域，通过对职业教育精准脱贫的理论研究，以及全国其他省份和贵州省经验的总结分析，提出一整套适合在贵州省职业教育院校推广的、全免费订单职业教育精准脱贫班开办策略方案，以提高开办措施的精准性，增加贵州省精准脱贫学生和家庭数量，响应党中央打赢脱贫攻坚战、消灭贫穷、实现共同富裕的号召。

第二节
研究思路

（1）以文献研究法为指导，通过对全国各地全免费订单职业教育精准脱贫班开办现状的收集，总结出已有的开办策略。

（2）对贵州水利水电职业技术学院（以下简称"贵州水院"）在校学生及贫困地区精准扶贫学生进行调查研究，以明确全免费订单职业教育精准脱贫班开办受众人群的背景、致贫原因及所需教育培训需求。

（3）以特殊情况学生为个案进行观察、研究和实验，在贵州水院开设订单班及精准扶贫班进行培养，让其接受正常教育，以达到脱贫效果，总结并调整开办策略。其研究思路，如图2-1所示。

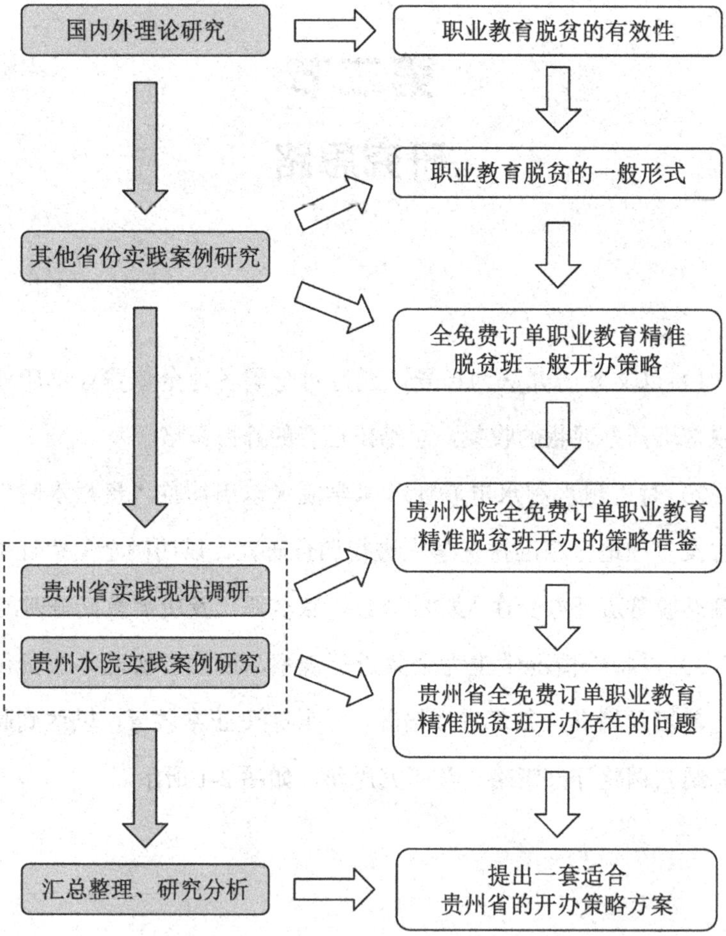

```
┌──────────────────┐         ┌──────────────────┐
│  国内外理论研究  │ ──────▶ │ 职业教育脱贫的有效性 │
└──────────────────┘         └──────────────────┘
         │                            │
         ▼                            ▼
┌──────────────────┐         ┌──────────────────┐
│ 其他省份实践案例研究 │ ────▶ │ 职业教育脱贫的一般形式 │
└──────────────────┘         └──────────────────┘
         │                            │
         │                            ▼
         │                   ┌──────────────────┐
         │                   │ 全免费订单职业教育精准 │
         │              ───▶ │   脱贫班一般开办策略   │
         │                   └──────────────────┘
         ▼                            │
┌ ─ ─ ─ ─ ─ ─ ─ ─ ─ ┐                 ▼
  贵州省实践现状调研         ┌──────────────────┐
│                   │       │ 贵州水院全免费订单职业教育│
  贵州水院实践案例研究 ────▶ │ 精准脱贫班开办的策略借鉴 │
└ ─ ─ ─ ─ ─ ─ ─ ─ ─ ┘       └──────────────────┘
         │                            │
         │                            ▼
         │                   ┌──────────────────┐
         │              ───▶ │ 贵州省全免费订单职业教育│
         │                   │ 精准脱贫班开办存在的问题│
         ▼                   └──────────────────┘
┌──────────────────┐                  │
│ 汇总整理、研究分析 │ ─────▶          ▼
└──────────────────┘         ┌──────────────────┐
                             │    提出一套适合    │
                             │ 贵州省的开办策略方案 │
                             └──────────────────┘
```

图 2-1　研究思路

第三节
研究方法

本书主要通过以下方法研究相应内容：

（1）使用文献研究和调研访谈等方法，通过中国知网、维普数据库、统计年鉴等资源，查阅、收集和梳理全国全免费订单职业教育精准脱贫班进展的相关文献，整理国内国外与职业教育精准脱贫相关的研究理论，了解全国其他省份和贵州省全免费订单职业教育精准脱贫班的开办现状，掌握全免费订单职业教育精准脱贫班的发展现状及态势，为课题研究开展奠定理论基础。

（2）使用调研研究法，通过问卷和个案研究的方式，对贵州省具有代表性的高职院校、贵州省贫困地区样本点进行实地调研，分析贵州省精准脱贫户现状和致贫原因，分析精准脱贫户子女受教育情况，为项目实施收集翔实的资料数据。

（3）使用实证分析法，结合全免费订单职业教育精准脱贫班开办现状和精准脱贫户及其子女教育状况，分析贵州水院全免费订单职业教育精准脱贫班学生个案培养过程和效果与贵州水院开办策略的内在关系，以总结出有效的开办策略，力求探索出一套适合贵州省职业教育特征的全免费订单职业教育精准脱贫班开办策略。

第三章
职业教育精准脱贫的理论研究

第一节
理论研究现状概述

一、国外研究现状

如何有效地消除贫困是一个国际性难题,世界各国都在为消除本国贫困问题作出积极不懈的努力。从国际上来说,对扶贫的研究已不是一个新的课题。有关扶贫的研究很多,国外学者从物质与精神、物质与能力、功能与权利等维度研究了贫困的内涵,产生了多维贫困理论、参与式扶贫理念、包容型增长减贫理念等减贫理论。这些理论大多是从经济、制度、人口等社会因素来研究扶贫的方法,注重宏观政策研究,但缺乏微观实证研究。

多维贫困理论(multidimensional poverty)由世界银行和诺贝尔经济学奖获得者阿马蒂亚·森(Sen)提出。他认为,"贫困的表象是收入或消费贫困,其本质是绝大多数贫困人口以教育和健康为代表的人力资本的缺乏。导致这种状况的根本原因是一个国家或社会教育和医疗等公共设施供给的不足和缺失"[9]。阿马蒂亚·森提出多维贫困理论后,人们面临的最大挑战是如何对多维贫困进行测量。Alkire 和 Foster 两位学者近一步把阿马蒂亚·森关于个人能力的理论发展为"Alkire-Foster 多维贫困测度法","其主要指标有健康、教育、饮用水、厕所、用电、交通等多维指标。据此可以得出结论，多维贫困与收入贫困不同，其主要是指教育医疗及其他公共设施的缺失"[10]。

参与式扶贫理念的提出者美国康奈尔大学 Noman Uphoft 教授认为："发展对象不仅要执行发展，还要作为受益方参与监测和评价。这就意味着项目制定实施过程中必须有参与者的监测和评价。当参与式发展理念应用到扶贫实践中，参与者能够对扶贫项目的计划目标、项目实施过程进行参与，这也是参与式扶贫最大的特点。"[11]"从 20 世纪 90 年代开始，一些跨国组织在扶贫的过程中将社区参与作为扶贫领域主要实践方式，促进当地贫困地区的经济发展，解决人民生活的贫困状态。"[12]

受阿马蒂亚·森的理论启发，"亚洲开发银行于 2007 年提出了以'机会均等'与'公平共享'为核心的包容型增长减贫理念，又称为共享型增长减贫理念。它强调通过经济增长成果的公平分配来实现有效减贫，要求减少与消除机会不均等来促进社会的公平与共享性，是一种'人人机会平等、人人分享成果'的减贫模式"[13][14]。精准扶贫是最近几年才提出的，从现代职业教育角度来考虑民族聚居地区精准扶贫的例子更是为数不多。"在很多国家的边远山区、地带性交汇的地区都存在着因教育落后而产生的贫困，这种贫困仅仅靠国家的资金扶持、制度、人力资源等来改变其贫困面貌是不够的，必须从其根源解决问题所在，而高水平的职业教育则是切断贫困代际传递的有效形式。"[15]

二、国内研究现状

国内学者对精准扶贫与职业教育扶贫进行了大量研究。

针对国外扶贫情况，国内学者对其扶贫模式、保障机制、扶贫方式比较等方面进行了经验总结。张丽娜等[16]简述了国外农村扶贫的 3 种主要模式，包括"由法国经济学家佩鲁提出的'发展极'模式、由美国经济学家斯特雷坦提出的'满足基本需求'模式和'社会保障方案'模式"[17]。邓瑶对发达国家及发展中国家的有效扶贫开发政策经验进行了梳理，"加强教育改变思想观念、健全社会福利及救助制度、区域开发和社会发展政策，以及实施就业和增收的各种扶贫开发计划4个方面，为我国制定符合我国国情的扶贫脱贫政策提供借鉴"[18]。范平安讲述了"发达国家农村职业教育质量保障机制体现在，国家法律法规对农村职业教育的有效保障、农村职业教育保持与城乡经济发展对劳动力的需求相适应、突出实践教学、强调技能培养、缜密的教育监控与评估、严格的考试和认证制度"[19]。李鉴"通过对一些发达国家（美国、澳大利亚、日本、英国）农村职业教育的比较分析，汲取发达国家农村职业教育的成功经验"[20]。孙建华简述了韩国职业教育发展的主要特点和成功经验，"大力发展农村职业教育，促进国家经济建设的稳步健康快速发展"[21]。杨敬雅、刘福军[22]对国外职业教育的思想理念、运行管理、办学体制、人才培养等方面进行了深入分析。刘颖"对发达国家农村职业教育的特点和经验总结为4点：一是健全立法制度，为发达国家农村职业教育快速发展提供有效的法律保障；二是充足财政投入和资金来源，为发达国家农村职业教育健康发展提供强有力的支撑；三是多元化的办学主体和多样化的办学模式，为发达国家农村职业教育有序发展奠定了基础；四是多层次、完备的农村职业教育体系，是发达国家农村职业教育发展的成功秘籍"[23]。

针对国内扶贫情况，国内学者对民族地区高校扶贫、西部教育扶贫策略、精准扶贫工作等进行了理论和应用性研究。吴青峰[24][25]围绕民族地区地方高校人才培养以人为本与以社会为本的关系处理问题，做了一系列讨论。他指出，民族地区地方高校人才培养既要促进人的发展，也要促进社会发展,个人与社会共生共长才是适切的;民族地区地方高校人才培养既要遵循人的身心发展规律,也要遵循社会发展规律,个人与社会相互融合才是适切的。人才培养活动在人才培养目标上,要协调个人与社会发展的需要。冯国凡等[26]从"发现问题、分析问题和解决问题"三大目标出发,对西部职业教育改革的趋向、问题和困难进行了客观、细致的分析。在对职业教育的扶贫策略研究上,邹文宽[27]运用SWOT分析法指出,要做好某个地区的精准扶贫工作,就要全面分析该地区在精准扶贫方面所处的优势、劣势、机会以及威胁,做到从当地实际情况考虑,一地一策。唐智彬指出,"精准扶贫是我国新时期扶贫工作的战略选择,需要配套的教育扶贫方案,确立发展面向精准扶贫战略的定向农村职业教育的基本思路;建立完善区域内职业院校跨区域帮扶合作机制,建设师资队伍,推进职教精准脱贫工作"[28]。朱爱国认为,"职业教育的主要功能是培养技术技能人才,是最有效的'造血式'扶贫,要瞄准扶贫对象,聚焦重点人群,支持农村贫困家庭子女接受职业教育,增强脱贫致富的能力"[29][30]。

在精准扶贫、职业教育、教育扶贫以及三者之间的联系方面的研究,随着精准扶贫和全面小康建设的开展备受学者们关注,而专门探讨职业教育扶贫尤其是职业教育服务少数民族地区精准扶贫的成果较为鲜见。职业教育扶贫的模式、内容、制度以及职业教育在扶贫开发中的功能与定位等问题很少涉及,没有系统地从理论上揭示现代职业教育与精准扶贫之间的内在联系,以及两者发生变化的驱动力,这些还有待深入探讨。

第二节
职业教育脱贫的关键支撑理论

精准扶贫、精准脱贫是全面建成小康社会的战略要求，"精准扶贫要'识真贫''真扶贫''扶真贫''真脱贫'，首先要解决'扶持谁''谁来扶''怎么扶'这三大问题"[31]。在众多关于教育脱贫的理论当中，人力资本理论、可行能力理论与动态贫困理论是解决以上问题的关键理论支撑。

一、人力资本理论

人力资本理论（Human Capital Theory）由美国经济学家舒尔茨（Thodore W Schults）和贝克尔（Gary S Becker）于20世纪60年代共同创立，该理论认为："在经济增长中，人力资本的作用大于物质资本的作用。人力资本投资与国民收入成正比，比物质资本投入实现经济增长的速度更快。教育投资是人力资本投资的主要组成部分，其经济效益远大于物质资本。个人收入水平与其接受教育的年限成正比，接受教育的年限越长收入越高"[32][33]。

此后，美国经济学家明塞尔（Jacob Mincer，1957）"建立了个人收入与其接受教育培训量之间的关系模型，以收益函数形式揭示了劳动者收入与其接受教育培训、获得工作经验时间之间的关系；认为，劳动者收入增长的根本原因在于接受教育水平的提高，是人力资本投资的结果；人力资本是凝聚在劳动者身上的资本，即对劳动者进行普通教育、职业教育等支出和其接受教育的机会成本等在劳动者身上的集合"[33][34]。

在人力资本理论中，舒尔茨等学者论证出个人收入与其受教育水平存在正比例关系，建立了收入与教育两者的关系。劳动者收入增长的根本原因在于接受教育水平的提高。"在该理论的指导下，学界普遍认为，在普通学校增加职业教育课程，对学生进行专门职业培训，或开办专门职业学校完成人才储备以及开展劳动者职业培训等方式，对劳动者进行再教育，可有效推动国民经济增长，提高劳动者收入水平。"[33]

二、可行能力理论

20世纪90年代后，印度经济学家阿马蒂亚·森（Amartya Sen）提出可行能力（capability）概念，并将其理念引入贫困分析，提出可行能力理论。他认为，"一个人的可行能力指的是此人有可能实现的、各种可能的功能性活动的组合"[35]。在他看来，基本可行能力主要由公平地接受教育、参与社区社会活动，获得健康、住房、卫生设施、市场准入等一系列功能构成。"贫困不仅仅是收入水平低下，更是基本能力的剥夺和机会的丧失"[36]，以及"良好的教育和健康的身体不仅有利于改善生活质量，提高生活品质，而且能增强个人获得更多收入及摆脱贫困的能力"[31]。

在可行能力理论中，阿马蒂亚·森总结出了个人致贫的原因，指出包含"教育"因素在内的"可行能力"的丧失，是个人致贫的原因之一。可行能力理论从多个维度精细瞄准贫困人口致贫的原因，为职业教育精准脱贫的开展和实施指明了方向。

三、动态贫困理论

英国管理学家朗特里（Seebohm Rowntree）"于20世纪初提出的贫困生命周期理论（Poverty Life Cycle）认为，一个人在童年时期，除非儿童的父亲是一位有技术的工人，否则他将很有可能陷入贫困，这种状况将一直持续到儿童本人或者他的兄弟姐妹开始赚钱为止"[37][33]。

根据朗特里的动态贫困理论，其他学者聚焦研究了教育在帮助贫困人口脱贫中的作用，从理论上证明了教育脱贫的有效性。Gradstein等研究认为："基于教育在扶贫活动中的重要性，在同等条件下，政府补贴私人购买教育有利于促进经济增长和减少民众收入的不均等现象。"[38][33] Cooley等研究认为："为穷人的孩子提供贷款，帮助其接受教育，可有效积累社会人力资本，提高其创造财富的能力。"[39][33] Preece等研究认为："成人教育有助于提高劳动者素质，增加劳动者收入，对经济增长和贫困缩减具有积极作用。"[33][34][35] OECD（经济合作与发展组织）研究报告提出："通过为贫困人口提供高质量的职业教育机会，能够使其逐步摆脱贫困。"[33][34][36]

在动态贫困理论中，朗特里等学者论证出，家庭中主要劳动力拥有技术并成为技术工人对家庭的重要性，为穷人的孩子提供职业教育，能够帮助其脱贫。

第三节
理论研究小结

在人力资本理论中，舒尔茨等学者论证出个人收入与其受教育水平存在正比例关系，建立了"收入"与"教育"两者的关系。在可行能力理论中，阿马蒂亚·森总结出了个人致贫的原因，指出包含"教育"因素在内的"可行能力"的丧失，是个人致贫的原因之一。在动态贫困理论中，朗特里等学者论证出在众多可能的脱贫手段当中，增加教育投入是帮助个人脱贫的有效手段，从理论上证明了教育脱贫的有效性。

第四章
全免费订单职业教育精准脱贫班开办现状分析

第一节
我国其他省份全免费订单职业教育精准脱贫班开办现状

一、职业教育精准脱贫一般形式[37]

目前，教育扶贫的形式主要有以下7种[26]：①针对贫困家庭学生开办教育扶贫班；②针对剩余劳动力转移而进行的技能培训班；③为国家扶贫重点县建立教育扶贫远程教学站；④实施教育扶贫工程；⑤设立教育扶贫救助基金；⑥进行教育扶贫捐赠；⑦提供教育扶贫资助金。

1. 开办教育扶贫班

教育扶贫班，是指职业院校面向贫困地区的建档立卡贫困学生，以教育脱贫为目标而举办的教育培养班。由于开设院校会结合国家扶贫资助政策提供教育资助金，因此，教育扶贫班一般具有免费性质；同时，为提升扶贫成效、实现学生最终的就业，教育扶贫班以定向的订单式培养为主。

2. 技能培训班

技能培训班，是指职业院校深入贫困地区乡村，向贫困地区劳动力开展实用性技术项目培训。培训完成后，一般会组织培训学员参加职业技能鉴定，并为合格学员核发职业资格证书或专项能力证书。

3. 建立教育扶贫远程教学站

教育扶贫远程教学站，是指通过音频、视频（直播或录像）以及包括实时和非实时在内的计算机技术，将教育课程传送到贫困地区的教育形式。

4. 实施教育扶贫工程

教育扶贫工程，是指为了贯彻落实中央扶贫开发精神和《中国农村扶贫开发纲要（2011—2020年）》《国家中长期教育改革和发展规划纲要（2010—2020年）》，对贫困地区实施的一项重大民生工程。该工程主要包括基础教育、职业教育和网络培训、特色高等教育等举措，使贫困人口脱贫致富。

5. 设立教育扶贫救助基金

教育扶贫救助基金，是指由政府主导、社会参与的公益性、救助性专项资金，主要用于贫困家庭子女在享受现有教育资助后，对其特殊困难进行救助，避免贫困家庭子女辍学。例如，四川省攀枝花市米易县、盐边县及仁和区3个有扶贫任务的县区，已全部完成县级教育扶贫救助基金的设立，资金规模均已达到500万元，目前已正式投入运行，并按照规定接受救助申请。

6. 进行教育扶贫捐赠

教育扶贫捐赠，是指各级政府和社会各界为支持贫困地区贫困家庭学生教育，而进行的资金和物资捐献。

7. 提供教育扶贫资助金

教育扶贫资助金，是指由国家和社会机构为学校提供各种教育资助资金，为在校学生建立奖、贷、勤、补、减的资助体系。针对职业教育阶段包括：中职国家助学金、中职国家免学费、生源地信用助学贷款等。

二、其他省份具体实施策略案例

1. 河南省精准脱贫培训班[38][39]

根据《中共河南省委河南省人民政府关于打赢脱贫攻坚战的实施意见》（豫发〔2016〕5号）及《河南省教育厅关于印发〈贯彻落实中共河南省委河南省人民政府打赢脱贫攻坚战的实施意见责任分工方案〉的通知》（教发规〔2016〕473号）的要求，河南省教育厅以贫困县中等职业学校为培训基地，开设"精准脱贫技能培训班"。精准脱贫培训班开办策略，如图4-1所示。

为规范实施过程，河南省教育厅印发了《职业教育"精准脱贫技能培训班"实施方案》，制定了7项策略措施：精准确定培训对象、精心选择培训专业、创新培训方式方法、确保经费专款专用、规范培训工作档案、开展职业技能鉴定和强化就业跟踪服务。

其具体实施策略，如表4-1所示。

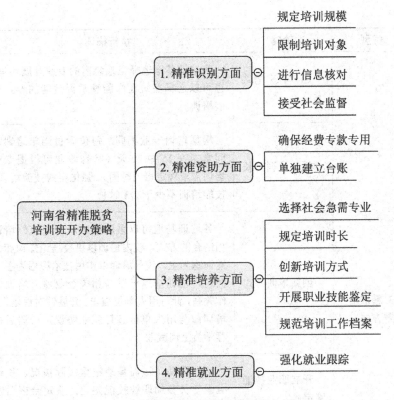

图 4-1　河南省精准脱贫培训班开办策略

表 4-1　河南省精准脱贫培训班实施策略

类型	策略	执行描述
1. 精准识别方面	规定培训规模	各贫困县培训学员原则上均不少于100人
	限制培训对象	培训对象为全省贫困县在扶贫部门"建档立卡"的在校生、"两后生"和其他社会人员
	进行信息核对	培训基地要与当地扶贫部门联系核对
	接受社会监督	在本县教育局网站公开培训学员信息，公布监督电话，接受社会监督
2. 精准资助方面	确保经费专款专用	培训经费要实行专款专用，主要用于招生宣传费、材料费、课时费、场地费、学员食宿费、培训交通费、职业技能鉴定费等
	单独建立台账	培训经费使用情况必须单独建立台账，便于有关部门检查、审计

续表

类型	策略	执行描述
3. 精准培养方面	选择社会急需专业	各培训基地选择当地急需的专业开展培训，也可以选择在短期内能够掌握技能的专业开展培训
	规定培训时长	根据培训专业不同，每位学员当年培训时间掌握在15～20天（特殊专业可根据专业培训需求确定培训时间）。强化实践技能培训，技能培训不少于2/3时长
	创新培训方式	各培训基地可以采取校内培训与校外培训相结合的方式，校内培训以讲授理论知识和技能训练为主，校外培训以实用技术应用为主。同时，培训基地可以与相关企业建立培训合作关系，针对用人单位需求，开展针对性培训，培训前与用人单位签订就业协议，培训后推荐学员上岗就业
	开展职业技能鉴定	培训期间，培训基地根据实际情况，积极组织学员参加职业技能鉴定，鉴定合格后发放职业资格证书
	规范培训工作档案	建立学员电子学籍管理档案，规范填写《河南省职业教育"精准脱贫技能培训班"学员信息登记表》和《河南省职业教育"精准脱贫技能培训班"学员信息汇总表》，培训结束后报省教育厅。健全和完善培训工作台账及培训过程影像资料等培训档案，培训档案要能够完整地还原出培训的整个过程
4. 精准就业方面	强化就业跟踪	各培训基地充分利用自身优势，对有就业需求的，积极推荐学员到校企合作单位就业。同时，对学员开展为期2年的就业创业跟踪服务

2. 湖南省精准扶贫"同心班"[40]

2012年始,按照湖南省委和省委统战部部署要求,在张家界市委、市政府积极引导和支持下,全市统一战线制定落实《一家一·助学就业同心温暖工程实施方案》,突出"帮助一个孩子学得一项技能,带动一个农村贫困家庭脱贫致富"的理念,重点扶持职业教育,教育扶贫、社会扶贫、精准扶贫成效显著。2015年,张家界共筹集助学资金1202.2万元,新办"同心班"56个,资助贫困学生3181人(其中职业教育贫困学生2746人),创建了张家界旅游学校、慈利县职业中专、桑植县职业中专3个助学基地,实现了统战系统各单位参与全覆盖、职业技术学校建档立卡贫困户学生资助全覆盖、在职校学习的农村籍新生资助全覆盖和两区两县项目实施全覆盖。湖南省精准扶贫"同心班"开办策略,如图4-2所示。

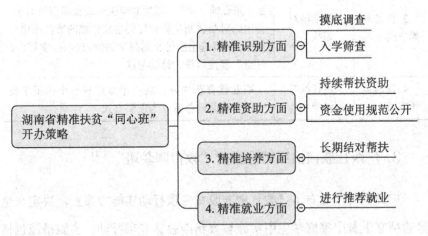

图4-2 湖南省精准扶贫"同心班"开办策略

其具体实施策略,如表4-2所示。

表 4-2　湖南省精准扶贫"同心班"实施策略

类型	策略	执行描述
1. 精准识别方面	摸底调查	张家界市委统战部会同教育、扶贫部门和实施学校，对贫困学生基本情况进行摸底调查、分类筛选、建档立册
	入学筛查	新学期开学之初，对各职校入校新生按在校学生、农村户籍学生、建档立卡贫困户学生分类造册，确保把最困难、最需要帮助的贫困学生筛选出来，让有限的帮扶资金发挥出最大的效益
2. 精准资助方面	持续帮扶资助	对职业学校"同心班"的每名贫困学生每年给予2000元资助，帮扶时间为2年
	资金使用规范公开	完善项目实施的各项档案资料，监督项目引导资金拨付和使用，严格按照财政专项资金管理的各项制度要求规范运行。捐资单位直接参与监督，定期组织开展项目实施情况的督促检查，并通过门户网站等平台适时通报
3. 精准培养方面	长期结对帮扶	统战系统组织项目参与单位为每个"同心班"派出"同心辅导员"，与受助学生结成长期帮扶对子。特困结对帮扶则从教育部门摸底建档的数据库中分级分类，筛选出亟待长期帮扶的特困学生，实行"点对点"直接帮扶、持续帮扶
4. 精准就业方面	进行推荐就业	职业教育帮扶以帮助一个家庭有一个孩子学得一门专长并推荐就业为主要方式

3. 广西壮族自治区精准脱贫"教育圆梦班"[41]

广西教育厅发布了《教育精准脱贫专项行动实施方案》，决定在全区建档立卡贫困家庭学生中实施教育精准脱贫专项行动。实施措施包括以下4项：实现计划单列，单独招生；实行概念编班，统一管理，全程跟踪；对贫困学生进行优先资助、重点资助、精准资助、全程资助；对贫困学生的具体情况提供精准就业指导，提高其就业能力和求职技巧。广西壮族自治区精准脱贫"教育圆梦班"开办策略，如图4-3所示。

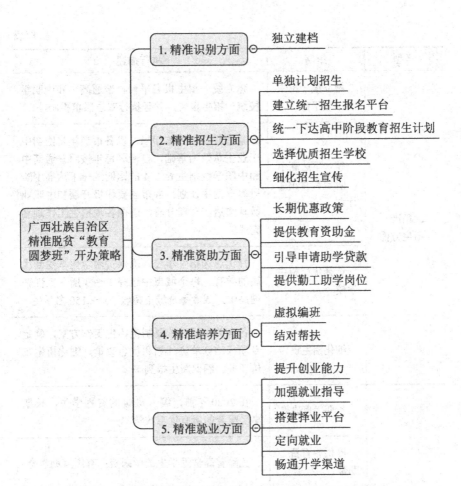

图 4-3 广西壮族自治区精准脱贫"教育圆梦班"开办策略

其具体实施策略,如表 4-3 所示。

表 4-3 广西壮族自治区精准脱贫"教育圆梦班"实施策略

类型	策略	执行描述
1. 精准识别方面	独立建档	以扶贫部门数据为基础,对比排查,以学校为单位,建立统一帮扶学生学籍信息数据,并配备专人管理
2. 精准招生方面	单独计划招生	广西实现计划单列,单独招生,确保更多贫困学生升入高中阶段学校就读,确保更多贫困学生进入大学学习深造

续表

类型	策略	执行描述
2. 精准招生方面	建立统一招生报名平台	建立统一招生报名平台，普通高中和中职学校统一招生报名，并且执行双志愿填报制
	统一下达高中阶段教育招生计划	坚持普职比大体相当，以各市当年贫困初中毕业生总数为基础，自治区每年按照普通高中和中职学校招生6∶4的比例统一下达高中阶段教育招生计划。各市县要积极开展初中职业教育渗透，合理分流，确保各项招生工作顺利完成
	选择优质招生学校	择优遴选招生学校，确保贫困学生享受到优质的教育。每个城市中选择1～3所示范性普通高中，或者每个城市招收50～150名学生
	细化招生宣传	各有关中职学校要制定招生工作方案，确定专项行动订单班计划和优惠政策，细化招生宣传任务，确保新生报到率
3. 精准资助方面	长期优惠政策	在2020年前，编入班级的贫困学生，长期享受配套的所有优惠政策
	提供教育资助金	免除普高贫困学生的学杂费；有国家助学金
	引导申请助学贷款	针对高等教育贫困学生，积极引导学生申请国家助学贷款
	提供勤工助学岗位	针对高等教育贫困学生，确保每个学生都可以获得勤工助学岗位
4. 精准培养方面	虚拟编班	学生以校为单位编班，普高中职学校50人一班，高校30人左右
	结对帮扶	安排辅导员或者班主任为负责人，与学生进行结对，全程跟踪指导
5. 精准就业方面	提升创业能力	进行创业就业讲座、专业见习、顶岗实习等活动，提供岗位见习、就业实习的平台

续表

类型	策略	执行描述
5. 精准就业方面	加强就业指导	成立就业指导服务中心；教师与学生结对帮扶；联合企业开专场"双选"招聘会，保证充分就业
	搭建择业平台	建立"千企就业帮扶联盟"，发布招聘、资助、援助信息
	定向就业	订单式招生，设立订单班，入校即入职
	畅通升学渠道	进行"2+3""3+2"等中高职对口招生

4. 两广联动举办"扶贫巾帼励志班"[42]

2011年起，广西扶贫办主办了"扶贫巾帼励志班"，招收家庭贫困女生接受职业教育，由位于百色的广西右江民族商业学校进行培养。目前，"扶贫巾帼励志班"已招收学生1785人，这些学生毕业后由学校优先推荐就业。励志班的首届毕业生就业率达到100%，部分学生还有机会在北京就业。两广联动举办"扶贫巾帼励志班"开办策略，如图4-4所示。

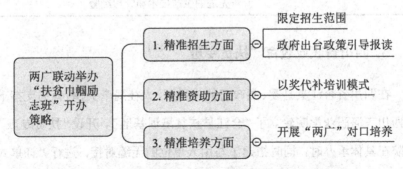

图4-4 两广联动举办"扶贫巾帼励志班"开办策略

其具体实施策略，如表4-4所示。

表 4-4　两广联动举办"扶贫巾帼励志班"实施策略

类型	策略	执行描述
1. 精准招生方面	限定招生范围	招收家庭贫困女生接受职业教育，由位于百色的广西右江民族商业学校进行培养
	政府出台政策引导报读	广西出台了《关于进一步加强广西扶贫巾帼励志班品牌建设的意见》，扩大招生范围，提高补助标准，引导和鼓励农村贫困户女学生报读扶贫巾帼励志班
2. 精准资助方面	以奖代补培训模式	试水以奖代补培训模式，获得国家职业资格证书，获得一次性奖励，鼓励进行培训
3. 精准培养方面	开展"两广"对口培养	在国务院扶贫办的指导下，开展"两广"对口职教协作，签订协作框架协议，形成两种对口帮扶模式。 （1）广东招生培养模式。广东省扶贫办、人社厅安排了10所优秀的职业、技工院校招收广西农村贫困家庭学生。广东省安排专项资金300万元，计划资助1000人，广西也按照扶贫培训应补尽补政策给予补助 （2）"2+1"模式——贫困学子前两年在广西中高职院校就读，最后一年在广东顶岗实习就业。广西安排顶岗实习就业专项资金300万元，按照1500元/人的标准，计划资助2000名中高职贫困学生到广东企业顶岗实习就业，学习广东先进的生产技术和管理经验

5. 四川省职业教育"扶贫专班"[43]

在四川省合江县县委、县政府的领导下，人社局牵头、教育局支持下，在四川三河职业学院建立了"合江县扶贫培训基地"，开设"扶贫专班"。学院在具体承办时，同时搭建了与用人单位的无缝对接，进行"订单式"培训。目前为止，"扶贫专班"已培训结业4期，培训学员全部实现就业，人均月收入达2800元左右。四川省职业教育"扶贫专班"开办策略，如图4-5所示。

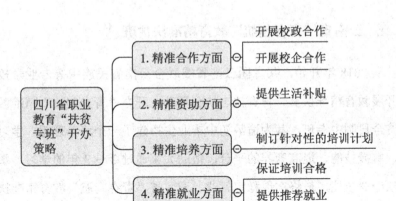

图 4-5 四川省职业教育"扶贫专班"开办策略

其具体实施策略,如表 4-5 所示。

表 4-5 四川省职业教育"扶贫专班"实施策略

类型	策略	执行描述
1. 精准合作方面	开展校政合作	在四川省合江县县委、县政府的领导下,人社局牵头、教育局支持下,学院建立"合江县扶贫培训基地",并开设"扶贫专班"
	开展校企合作	学院在搭建培训体系时,同时建立了学员与单位的无缝对接平台,进行"订单式"培训
2. 精准资助方面	提供生活补贴	学院为"扶贫专班"学员免费提供寝室、卧具、服装等生活补贴
3. 精准培养方面	制订针对性的培训计划	学院根据培训对象的特殊性,科学制订培训计划,"扶贫专班"突出以专业教学为主、理论教学为辅的工学结合培训模式,结合地方园区企业用工需求,采取校企合作方式,设置数控车工、维修电工、电子装配工等专业,把贫困劳动力"请上来"学技术,开展 15～30 天的免费培训
4. 精准就业方面	保证培训合格	学员培训后进行考核,考核不合格者,继续免费培训至合格为止
	提供推荐就业	学员培训后,合江县就业局将其对口推荐至泸州企业和合江的工业园区企业,保证就业

6. 云南省"青春起航"教育精准扶贫班[44]

从 2018 年开始,共青团云南省委联合云南省民族中等专业学校共同开展教育精准扶贫、青春扶志扶智活动,开办"青春起航"精准教育扶贫全日制中专班。其为适龄初中毕业生搭建了一个培养理想、学习知识、掌握技能、提高素养的平台,帮助大家通过 2～3 年的学习,掌握一项专业技能,最终实现稳定就业。云南省"青春起航"教育精准扶贫班开办策略,如图 4-6 所示。

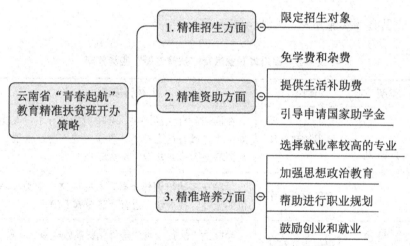

图 4-6 云南省"青春起航"教育精准扶贫班开办策略

其具体实施策略,如表 4-6 所示。

表 4-6 云南省"青春起航"教育精准扶贫班实施策略

类型	策略	执行描述
1. 精准招生方面	限定招生对象	精准教育扶贫全日制中专班针对镇雄县等贫困地区的建档立卡贫困学生进行招生
2. 精准资助方面	免学费和杂费	学校对"青春起航"精准教育扶贫班的学生给予实实在在的优惠与帮助,免住宿费、学费等费用

续表

类型	策略	执行描述
2. 精准资助方面	提供生活补助费	免费为学生提供日常生活用品，报销入学车票，并为每个学生发放2000元生活补助费
	引导申请国家助学金	符合规定的学生将享受4000元的国家助学金
3. 精准培养方面	选择就业率较高的专业	"青春起航"精准教育扶贫全日制中专班，主要设置学前教育、中餐烹饪与营养膳食、高星级饭店运营与管理3个就业率较高的专业
	加强思想政治教育	团省委将加强与省民族中等专业学校的合作，安排机关干部担任班级思想政治辅导员，加强对学生的思想政治引领。与学校一同开展扶贫班的教学管理，共同研究解决扶贫班在教育教学和日常管理中存在的各类问题，定期与学校组织开展教育扶贫研讨交流活动
	帮助进行职业规划	办学期间，团省委将整合发动青联、青企协等资源，共同参与对学生的教育培养，有针对性地开展创业经验分享，组织学生与青年企业家交流，到其企业参观学习，帮助学生开展职业规划
	鼓励创业和就业	扶贫班的学生毕业后，团省委将通过青年创业小额贷款、青年劳动力转移就业等项目，为其创业和就业提供帮扶，确保学生有学上、留得住、学得好、能就业

7. 甘肃省精准扶贫精准脱贫订单班[45]

甘肃省泾川县职业教育中心以"精准"为要点，通过精准招生、精准培养、精准就业等措施，探索出了具有当地特色的脱贫班新模式。甘肃省精准扶贫精准脱贫订单班开办策略，如图4-7所示。

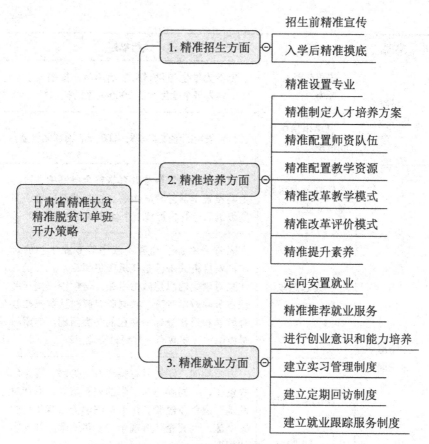

图 4-7　甘肃省精准扶贫精准脱贫订单班开办策略

其具体实施策略，如表 4-7 所示。

表 4-7　甘肃省精准扶贫精准脱贫订单班实施策略

类型	策略	执行描述
1. 精准招生方面	招生前精准宣传	学校选派教师，进村到户宣传；与贫困学生面对面交流，了解其情况，帮助其报考
	入学后精准摸底	入学后，开家长会，详细摸清学生家庭的情况，建立信息库，订单式培养
2. 精准培养方面	精准设置专业	动态调整专业，与当地产业相适应

续表

类型	策略	执行描述
2. 精准培养方面	精准制定人才培养方案	建立"工学结合、梯度发展、订单培养、分层培训"的培养模式；缩短学生岗前培训时间，入厂即上岗
	精准配置师资队伍	结合企业、社会人才，组建导师团队；每学期邀请合作企业人员开展技能培训
	精准配置教学资源	加大配置实训设备，建立"智慧校园"系统
	精准改革教学模式	建立"做中学、做中教"的教学模式，技能培训成效显著
	精准改革评价模式	建立自我评价、学校评价、师傅评价和企业评价多元结合的评价模式
	精准提升素养	精准关爱贫困学生，形成"师徒结对帮扶"制度；开展"快乐、艺术、科技、书香、平安、魅力"创建活动；举办丰富的文体、读书等活动，提升学生素养
3. 精准就业方面	定向安置就业	精准遴选优质企业，以薪资合理、专业对口为准则进行就业推荐
	精准推荐就业服务	形成精准推荐就业机制，"多对一""一对一"地进行就业服务
	进行创业意识和能力培养	将"创新创业基因"植入学生，开展创业教育、职业指导等，提高学生创业能力
	建立实习管理制度	选派优质教师到学生实习企业，对学生进行技能辅导
	建立定期回访制度	每年了解毕业生的工作、生活等情况，定期回访，收集学生意见
	建立就业跟踪服务制度	利用通信软件等，长期跟踪贫困家庭学生就业后的表现

第二节
贵州省全免费订单职业教育
精准脱贫班开办现状分析

一、整体情况

按照贵州省委、省政府发出脱贫攻坚春季攻势、秋季攻势动员令要求，贵州省教育厅印发《职业教育服务精准脱贫助推深度贫困地区脱贫攻坚的通知》，贵州省建立省、市、县、校"四级联动"机制，实施职业教育脱贫攻坚三项行动计划，确保精准招生、精准资助、精准培养、精准就业"四个精准"，为努力开创百姓富、生态美的多彩贵州新未来提供智力支撑和技术技能人才保障，为切实打赢脱贫攻坚、决胜同步小康作出积极贡献。

贵州省在全国率先制定《贵州省教育精准脱贫规划方案（2016—2020年）》，实施八大教育扶贫计划，强力推进教育精准扶贫。全省职业学校近5年累计有近20万名贫困家庭学生实现毕业就业，面向贫困人口开展技能培训50余万人次；组织13所职业院校开办122个全免费订单职业教育精准脱贫班，招收7378名贫困家庭学生，实现了"职教一人、就业一个、脱贫一家"的目标。职业院校毕业生省内初次就业率从30%上升到70%，2017年的职业院校毕业生基本实现了想就业就能就业的局面。[46]

二、具体措施

1. 精准招生和精准资助

2015年起，为贯彻落实《贵州省"33668"脱贫攻坚行动计划》，帮助贵州省贫困人口大县——威宁、赫章早日实现精准脱贫，针对具有两县户籍的初中毕业生，组织10所优质职业院校开办了"威宁、赫章全免费订单职业教育精准脱贫班"，计划用3年时间，年招生2000人，带动6000个家庭脱贫致富。

2017年，为进一步加大职业教育精准扶贫工作力度，"全免费订单职业教育精准脱贫班"扩大覆盖面并增加招生人数，将贵州全省14个深度贫困县和20个极贫乡镇户籍学生纳入"全免费订单职业教育精准脱贫班"招生范围，招生人数调增到4000人，让更多的贫困学子享受到了优质教育资源。贵州省运用扶贫云等大数据平台准确掌握贫困生基数和动态。2017年，贵州省职业院校招收建档立卡贫困学生4.1万名，在落实国家资助政策的基础上，对建档立卡贫困学生实施免除教科书费、住宿费并补助扶贫专项助学金的省级职业教育精准扶贫学生资助政策。

2018年，贵州省委、省政府将全免费订单职业教育精准脱贫班列为脱贫攻坚春风行动令的重要内容。同时，省政府将全免费订单职业教育精准脱贫班作为2018年要办好的十件民生实事之一。截至2018年7月底，已意向性完成全免费订单职业教育精准脱贫班招生5000余人。其中16所在筑优质职业院校完成招生2000余人，各市、县职业院校面向全省贫困学生完成全免费订单职业教育精准脱贫班招生3000余人。

2. 精准培养和精准就业

贵州省各校配备了优秀的班主任（辅导员）和任课老师，确保学生身心健康发展，不仅在专业设置上紧扣地方产业需求和学生需求量身定制，还在同等条件下优先保障"全免费订单职业教育精准脱贫班"学生的就业。贯通中职—高职—本科的升学通道，让贫困家庭学生有更多机会接受高等教育。实施定向招生计划，切实增加贫困地区群众子女接受高等教育机会，保障他们有公平的上升通道和进步的希望。2018年，贵州省继续面向贫困地区的14个深度贫困县、20个极贫乡镇办好全免费订单职业教育精准脱贫班，以完成面向贫困地区精准招生1万人的目标。

第三节
贵州水利水电职业技术学院案例研究

一、访谈及问卷调研情况

要解决全免费订单职业教育精准脱贫班开办策略问题，就要先了解招生群体对象。针对本次研究的服务对象，课题组通过对潜在招生地区的贫困学生家长、学生、教师、用人单位和政府机构进行调查走访及大量调查，共收集问卷样本677份。课题组深入地了解了贵州省全免费订单职业教育精准脱贫班贫困家庭的致贫原因、招生方式、学习生活的难、学生培养难点以及学生就业问题等内容。

1. 贫困家庭的致贫原因

从贫困家庭自身角度看待家庭致贫原因。据本次调研的贫困家庭反馈，其主要收入来源为务农的占比82.94%（贫困家庭收入来源调研统计，如图4-8所示）；同时，贫困学生的家长认为家庭贫困的主要原因为"收入单一，除务农外没有其他收入来源"的占比71.56%（家庭贫困的原因调研统计，如图4-9所示）。贫困家庭从事的生产行业主要以低效率的传统家庭农业生产（即务农，占比82.94%）和劳动密集型第二产业务工（占比29.86%）为主，其在第二产业中主要集中于轻工业产品加工、建筑施工、食品加工、化工制造等对劳动力密度需求较大的行业。在访谈中，课题组也同样发现，贫困家庭劳动力的受教育水平普遍不高且缺少必要的职业能力教育；收入多以大量的体力劳动付出来换取，岗位流动性大，收入不稳定。

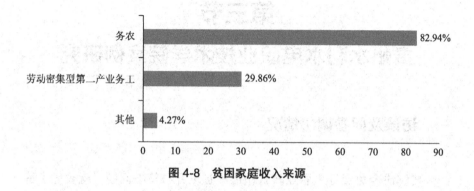

图 4-8 贫困家庭收入来源

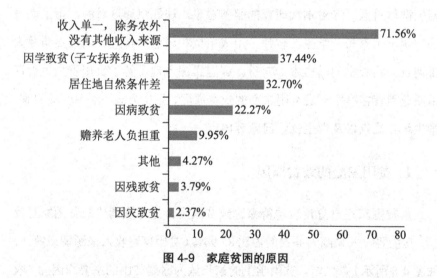

图 4-9 家庭贫困的原因

从行政机构角度来调查贫困家庭的致贫原因。本次调研的行政机构对于当地贫困原因的反映是，除了"思想落后"和"农民掌握技能少"因素外，66.67% 的行政机构认为是"地理位置偏僻"，33.33% 的行政机构认为是"自然条件差"；同时，贫困地区的支柱产业均为农业。当地贫困的原因调研统计，如图4-10所示。

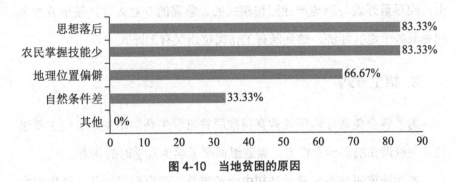

图4-10　当地贫困的原因

综合贫困家庭和行政机构的调查结果可见，除了当地"地理位置偏僻"和"自然条件差"客观因素以外，贫困家庭致贫的表面原因是"收入单一，除务农外没有其他收入来源""思想落后"和"农民掌握技能少"；其致贫的深层原因是，家庭主要劳动力由于缺乏适当的教育培训而不得不从事低效率的劳动密集型农业生产，即使贫困家庭主要劳动力明知当地在地理区位上具有交通不便、土地贫瘠、资源匮乏的状况，也无法依靠自身力量进行劳动力转移。该调查结果印证了"可行能力理论"的观点，即"教育"因素在内的"可行能力"的丧失，是个人致贫的原因之一。而目前贵州省全免费订单职业教育精准脱贫班学生所在的贫困家庭正处在因"缺乏教育"而深陷贫困的状态当中。

针对目前贫困家庭的状态，结合"动态贫困理论"可知，增加教育和培训的投入是帮助贫困家庭脱贫的有效手段。结合调研了解到，当地在地理区位上普遍具有交通不便、土地贫瘠、资源匮乏的状况，较难靠自身条件招商引资。同时，低效率的劳动密集型农业生产模式不足以吸引大量劳动力并创造足够的财富，从而导致农村劳动力大量外流务工。虽然人口转移是工业化进程中的必然趋势，但大量劳动力的流失在一定程度上削弱了贫困地区的社会经济发展动力，使之进入更加贫困的循环怪圈。课题组认为,在全免费订单职业教育精准脱贫班开办的培养策略上,应尽量开设与当地产业密切相关的、急需的专业人才,使毕业学生优先服务于地区经济,做到既有工作岗位,又有工匠人才。

2. 招生方式

为了解全免费订单职业教育精准脱贫班学生获知招生信息的主要途径,明确潜在的办学合作方,课题组调研了学生入学时的状态。

本次被调研学生主要通过初中老师推荐、政府部门宣传、学生招生宣传和熟人推荐获知全免费订单职业教育精准脱贫班的信息,其中"初中老师推荐"占比48.59%,"政府部门宣传"占比32.86%,"开展'全免费订单职业教育精准脱贫班'的学校招生宣传"占比30.99%,如图4-11所示。由此可见,在全免费订单职业教育精准脱贫班的招生宣传途径上,初中学校、政府和招生院校是主要参与者。

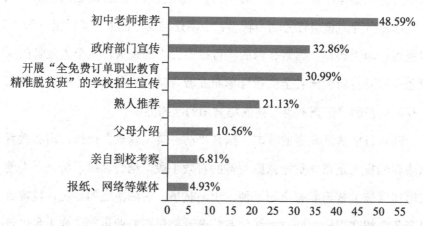

图4-11 学生获知了解全免费订单职业教育精准脱贫班的信息途径

本次调研的家长对于全免费订单职业教育精准脱贫班了解的途径上,"初中老师推荐"占比53.66%,"政府部门宣传"占比44.88%,"熟人推荐"占比26.83%,"开展'全免费订单职业教育精准脱贫班'

的学校招生宣传"占比 22.93%，如图 4-12 所示。可见，初中学校、政府和招生院校为招生宣传的主体单位。

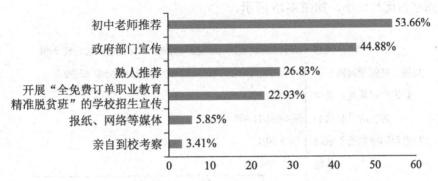

图 4-12　学生家长了解全免费订单职业教育精准脱贫班的信息途径

从调研结果来看，学生和家长了解全免费订单职业教育精准脱贫班招生信息的主要途径是"初中老师推荐""政府部门宣传"和"开展'全免费订单职业教育精准脱贫班'的学校招生宣传"。相对学生而言，学生家长更加依赖于"政府部门宣传"。在家长问卷中，"政府部门宣传"的比例为 44.88%，比学生问卷高出 12.02%。由此可见，在全免费订单职业教育精准脱贫班的招生宣传中，必须重视政府的作用。招生的主要合作主体为初中学校和当地政府部门。

另外，除了传统的招生宣传途径以外，"报纸、网络等媒体"途径也达到了 5% 左右的比例。虽然其占比较小，但是考虑到成本因素，利用报纸、网络等媒体渠道也是一种值得采用的招生宣传途径。

3. 学习生活的困难

为提高全免费订单职业教育精准脱贫班开办的资助策略的有效性，课题组调研了全免费订单职业教育精准脱贫班学生学习生活中的主要困难和家长对资助政策的了解程度。

本次调研的学生目前在学习和生活中的主要困惑是，"经济困难"的学生占比 67.89%，"知识、技能学习跟不上"的占比 63.30%，其余困惑占比均较小，如图 4-13 所示。

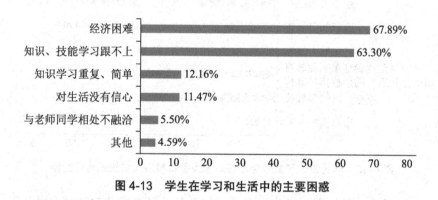

图 4-13　学生在学习和生活中的主要困惑

本次调研的贫困学生家长中，了解中职免学费、国家助学金的资助政策的占比 81.99%，不了解的占比 18.01%。

课题组结合学生个体访谈情况和问卷调查结果发现，大多数的深度贫困家庭的学生都反映其家庭存在经济负担，并且在大部分学生家庭已知资助政策的情况下仍然对其经济状况非常担心。为了提高全免费订单职业教育精准脱贫班学生的学习效果，课题组认为，学校在开办全免费订单职业教育精准脱贫班时，应加强国家和学校资助政策的宣传力度；同时，除了一般的在免除学费和杂费基础上，学校还可以适当增加对其生活的补助，并且提供勤工俭学机会，以切实提高对贫困学生的资助。

4. 学生培养难点

为了解目前全免费订单职业教育精准脱贫班学校培养的难点，课题组对全免费订单职业教育精准脱贫班的教师和毕业生的用人单位进行了调研。

本次调研的教师对于全免费订单职业教育精准脱贫班课堂教学的难

点反馈是，45.00%的教师认为"学生基础差"，20.00%的教师认为"学习积极性不高"，如图4-14所示。

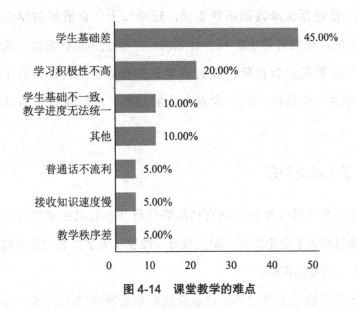

图4-14 课堂教学的难点

本次调研的合作用人单位对全免费订单职业教育精准脱贫班学生的培养建议反馈情况是，100.00%的用人单位提出应"加强职业素养教育"和"加强专业技能"，75.00%的用人单位提出"加强理论知识教育"和"加强沟通与协调能力教育"，25.00%的用人单位提出"加强基础文化教育"和"加强创新创业教育"，如图4-15所示。

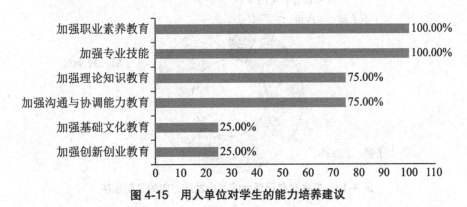

图4-15 用人单位对学生的能力培养建议

综合任课教师、用人单位的意见以及贫困家庭背景调查情况，课题组认为，由于家庭贫困原因，全免费订单职业教育精准脱贫班入读的学生普遍存在基础知识背景差，较难跟上正常班级教学进度的情况。因此，在制订学生的培养计划时，学校应具有针对性，切实考虑全免费订单职业教育精准脱贫班学生的实际情况。在内容上，应增加对学生专业技能、职业素养方面的培养，以确保教学与就业的质量。

5. 学生就业问题

为加强全免费订单职业教育精准脱贫班开办的就业策略的精准效果，课题组调研了全免费订单职业教育精准脱贫班学生的职业发展规划和家长对其就业的期望。

本次调研的学生在对于自己适合的职业发展方向上，55.73%的学生不太了解，37.84%的学生了解，如图4-16所示。同时，对于自己的职业生涯规划，23.62%的学生"有清晰久远的规划"，30.73%的学生"有清晰短期的规划"，42.66%的学生"有一点规划，但考虑不多"，2.98%的学生"没有考虑过"。

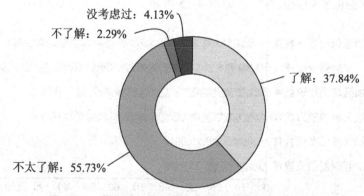

图4-16 学生对自己适合的职业发展方向的了解程度

本次调研家长对于孩子毕业后的去向，54.63% 的家长要"看孩子的意愿"，22.93% 的家长想让孩子"升学"，22.44% 的家长想让孩子"直接就业"，如图 4-17 所示。

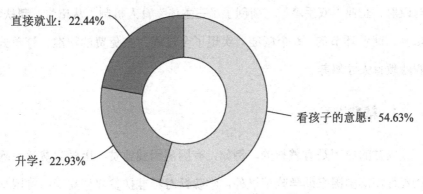

图 4-17　家长对孩子毕业后的去向期望

综合学生的职业发展规划和家长对其毕业后的期望可见，近 55% 的家长会尊重学生的职业意愿，但是，近 56% 的学生自己却没有清晰的职业规划。因此，课题组认为，在开办全免费订单职业教育精准脱贫班时，应加强对学生职业规划的引导，在教师和职业规划专家的指导下，帮助学生制定明确的职业规划，并且结合用人单位的需求，增强培养的定向性特征；同时，加强对学生毕业后的跟踪工作，将学校的就业指导工作延伸至其毕业以后，对全免费订单职业教育精准脱贫班的毕业生进行动态辅导，以保证脱贫班就业的精准效果。

二、全免费订单职业教育精准脱贫班开办策略

贵州水院深入贯彻省委省政府对贵州脱贫攻坚工作的部署，在省水利厅的领导下成立党政一把手任双组长的工作专班，由一名院长任办公室主任，抽调专人组建脱贫攻坚工作领导小组，开展脱贫攻坚工作。贵

州水院先后与三都水族自治县、剑河县、黄平县、雷山县、晴隆县人民政府签署了校政合作框架协议。2018年，学院全年招收精准脱贫订单班8个，共计307人。贵州水院开设"全免费订单职业教育精准脱贫班"，与政府、企业"双手牵"，新创了"三主体"育人机制，从招生、帮扶、培养、就业环节的"6个精准"实现了全过程、全免费的精准、订单式职业教育人才培养。

1. 精准摸底

致贫的原因是有差异的，例如，有因病因残致贫、因学致贫等。除认真贯彻落实国家助学政策以外，学院针对精准扶贫建档立卡的贫困学生制定了"一对一"帮扶方案，在对每个贫困生进行精准摸底的情况下建档立卡，一人一册，做到因材施教，因故精准帮扶，实施了差异化的对口帮扶办法。学院脱贫攻坚办公室针对825名精准扶贫建档立卡贫困学生，制定了《贵州水利水电职业技术学院脱贫攻坚建档立卡学生帮扶实施方案》，从学院领导、中层干部、普通职工，都有明确的3～13人不等的对口帮扶对象。学院领导及教师与对口帮扶的贫困学生每月进行当面沟通，深入了解学生的生活、学习、思想、家庭各方面情况并做详细的谈话记录，明确帮扶对象的个人及家庭背景，分析致贫原因，为后期制定有针对性的帮扶方案提供依据。帮扶教职工需熟知资助政策，及时告知帮扶学生相关资助政策，切实让帮扶学生深入了解资助政策，及时运用资助政策帮助学生解决问题。针对全免费订单职业教育精准脱贫班开办存在的大众对职业教育的偏见问题，学院以案例教学方式，通过讲身边人，学习身边事，集体学习或单独辅导对帮扶学生进行励志教育，帮助学生树立正确的"为自己学习"的学习观，激发学生学习的内生动力，培养学生"以学业为重，自信积极向上"的阳光健康心态。

2. 精准合作

学院通过采取大力促进"校、政、企"合作方式，充分发挥学院教育教学优势。2018 年，学院领导多次带队赴三都水族自治县、剑河县、黄平县洽谈校政合作，并开设"全免费订单职业教育精准脱贫班"，该院获得授权接收 300 名贫困家庭孩子在校就读。同时，校方已经与中天城投集团物业管理有限公司、东莞帝豪花园酒店、东莞市佳都纺织科技有限公司、贵州中航电梯有限责任公司、贵州建工集团有限公司 5 家用人企业达成定向就业协议。目前，三都、黄平、剑河 3 个专班已经正式签约授课，学院帮助来自贫困家庭的学生解决生活、学习等过程中所遇到的各种困难，并保障学生毕业后就业。贵州水利水电职业技术学院全免费订单职业教育精准脱贫班签约仪式，如图 4-18 所示。

图 4-18 贵州水利水电职业技术学院全免费订单职业教育精准脱贫班签约仪式

通过对贵州省以及省外开办全免费订单职业教育精准脱贫班的实践措施和成效来看，课题组认为贵州水院创新的"政、校、企"三主体精准合作模式值得借鉴。

首先，学校牵手企业，是职业教育作为产教融合和校企合作办学的一个必然选项。第一，产教融合和校企合作办学，对于学校和企业而言是双赢的合作策略。该策略使学校解决了提升实训资源条件的需求，是保证学生就业，构建学校双师型人才队伍的需要；同时也使企业获得了优秀的技术人才,及时高效地对接了就业人员,解决了企业科研能力不足等问题。第二,学校与企业合作,是职业教育的必然。职业教育的目的就是帮助学生获得工作技能,帮助学生就业。与普通教育相比,职业教育更偏重于对实际技术能力的培养,培养的也是实用型人才,因此,"校企合作"是必然的人才培养路径。

其次,学校在牵手企业的同时牵手政府,也是学校开办全免费订单职业教育精准脱贫班的合理选择。针对贵州省的全免费订单职业教育精准脱贫班开办存在的问题,课题组认为,因"贫困人口的精准识别困难"而导致的"生源精准识别和有效组织困难"是阻碍全免费订单职业教育精准脱贫班开办的一大难题,而政府恰好为学校解决了这一大难题,可以使贵州省的精准脱贫效率有很大提高。因为贫困地区的地方政府掌握了贫困人口的背景情况,通过对脱贫对象的"再识别"和"再核实",按当地政府程序及时清退不符合标准的脱贫人员,这也帮助学校核实了全免费订单职业教育精准脱贫班的学生家庭情况,保证了脱贫班识别的精准性。同时,借助当地政府的组织力量,学校的招生和资助政策可以精准有效地传达至贫困家庭,提高了学校招生宣传工作的效率。另外,通过当地政府人员介入招生工作,采取"一对一"的宣传方式,可以及时了解贫困学生的情况,打消其顾虑,保证招生后的入学率。

3. 精准招生

贵州水院从传统宣传方式和针对性的招生手段两点同时出发开展招生宣传工作,并取得了显著的成果。

在传统招生宣传上,贵州水院招生计划制订后,将招生简章向社会公布,同时在贫困地区的中职学校及初高中宣传招生政策等,而在针对性的招生手段上则结合媒体进行宣传。这是由于到地区宣传的传统招生方式覆盖面有限，且贫困地区贫困家庭家长及学生接收外界信息的渠道少，而农村地区对电视新闻报道、媒体宣传较为信任且覆盖面较广，能够较为有效地传播信息。

本次被问卷调研全免费订单职业教育精准脱贫班的学生，其主要是通过初中老师推荐、政府部门宣传、开展"全免费订单职业教育精准脱贫班"的学校招生宣传和熟人推荐获知全免费订单职业教育精准脱贫班的信息，其中，初中老师推荐占比48.59%，政府部门宣传占比32.86%，开展"全免费订单职业教育精准脱贫班"的学校招生宣传占比30.99%。可见，在全免费订单职业教育精准脱贫班的招生宣传途径上，初中学校、政府和招生院校是主要参与者。

贵州水院凭借与企业校企合作的机会，邀请媒体对学院校企合作招收精准扶贫班的事宜进行新闻报道。2018年有人民网、新华网、贵州新闻联播等权威媒体进行报道宣传，收到了良好的社会反应，积极地促进了精准扶贫班的招生宣传。同时，通过地方政府合作宣传和协助招收贫困家庭学生，达到了精准招收贫困生的目的。

贵州水院2018年共招收精准扶贫班学生307人，该批学生的生源地及人数，如图4-19所示。

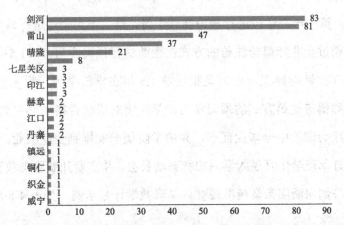

图4-19 贵州水院全免费订单职业教育精准脱贫班生源地及人数（单位：人）

4. 精准资助

贵州水院除了减免订单班学生三年的学费、住宿费、教材费、保险费、班费，开学的军训费（含服装费）、体检费、床上用品费等费用外，还提供每人每月 600 元的生活补助，真正实现了"拎包就读"。为了解决订单班学生上学难、就业难的问题，学院专门为其搭建平台，利用寒暑假参与社会实践，挣得学费，完成学业。从 2012 年开始，贵州水院和中天城投集团物业管理有限公司就开展了订单班合作，截至目前已经有 160 名全免费订单职业教育精准脱贫班学生在企业实习就业。在中天城投集团物业管理有限公司学习期间，企业包吃住，顶岗期间每人每月发放 1800 元工资，不让学生再花费一分钱。另外，学院还积极培养学生获得技能证书，让其将来可以持证上岗。

5. 精准培养

贵州水院与政府、企业"双牵手"，创新开展"三主体"育人，从"四个精准"（精准招生、精准资助、精准培养、精准就业）全面实现职业教育人才培养。学院与合作企业联合制定培养方案，根据不同企业的要求，分别有"1+1+1"和"1.5+1.5"两种培养模式。"1+1+1"培养模式是指：第一年在学校进行理论基础学习，第二年到企业进行教学实习，第三年通过企业师傅带徒弟的方式在企业进行顶岗实习。"1.5+1.5"培养模式（仅针对建工专业）是指：前 1.5 年在学校学习，后 1.5 年到企业进行师傅带徒弟方式的顶岗实习，学院将对成绩合格的学生颁发贵州省教育厅验印的中专毕业证书，并由学院统一安排到企业就业。另外，学院为订单班学生开展入学思想教育动员会，并定期开展励志教育讲座。贵州水院剑河酒店帝豪精准脱贫订单班教学计划示例，如表 4-8 所示。

表 4-8　贵州水院剑河酒店帝豪精准脱贫订单班教学计划示例

课程代码	课程名称	课程学分	考核方式	教学学时
JA1001	德育	5	考查	50
JA1002	语文	3	考查	20
JA1003	体育与健康	4	考查	50
JA1004	计算机应用基础	4	考查	40
JA1005	音乐欣赏	2	考查	20
JA1006	美术欣赏	2	考查	30
JA1007	普通话	2	考查	50
	小计	22		260
GZ1001	服务礼仪	4	考试	40
GZ1002	酒店英语	8	考试	100
GZ1003	沟通技巧	4	考试	60
GZ1004	旅游文化	2	考试	20
GZ1005	客源国	2	考试	20
GZ1006	中餐服务与管理	5	考试	90
GZ1007	美妆技巧	4	考试	30
GZ1008	西餐服务与管理	6	考试	90
GZ1009	前厅与客房服务与管理	5	考查	40
GZ1010	酒店信息系统操作	5	考查	60
GZ1011	会展设计/会议服务	5	考查	60
GZ1012	酒店人力资源管理	5	考查	60
GZ1013	中餐宴会设计	5	考查	60
	小计	60		730
	教学实习	10		240
	顶岗实习	30	考查	480
	国防教育与军事训练	4	考查	60
	入学教育	0	考查	30
	小计	44		810

本次问卷调研的全免费订单职业教育精准脱贫班学生小时候最先会说的语言，是少数民族语言的占比47.94%，是汉语方言的占比37.84%，是普通话的仅占12.61%，如图4-20所示。

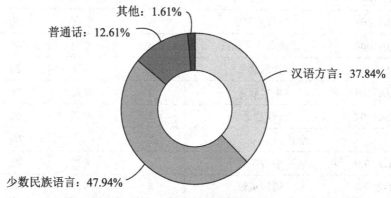

图 4-20　学生学龄前接触的语言

与此对应的情况是，被调研的全免费订单职业教育精准脱贫班学生的普通话应用水平普遍不高。问卷调研反映出"能熟练使用但有些音不准"的学生占比53.90%，"基本能交谈但不太熟练"的占比17.20%，"能流利准确地使用"的仅占比13.07%，如图4-21所示。另外，课题组随机选取了48位贵州水院全免费订单职业教育精准脱贫班学生进行普通话成绩测试，统计结果也显示学生的普通话水平不高，45.83%的学生为二级乙等，41.67%的学生为三级甲等，如表4-9所示。

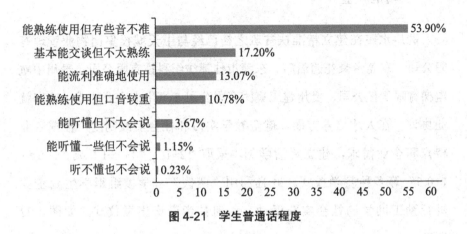

图 4-21 学生普通话程度

表 4-9 学生普通话测试成绩

等级	人数	占比
一级甲等	0	0.00%
一级乙等	0	0.00%
二级甲等	1	2.08%
二级乙等	22	45.83%
三级甲等	20	41.67%
三级乙等	1	2.08%
不入级	4	8.33%
合计	48	99.99%

因此，贵州水院通过将普通话作为入学第一学期的课程列入人才培养方案，在很大程度上解决了全免费订单职业教育精准脱贫班学生学习先进技术难、就业创业难、应聘难等问题。

6. 精准就业

贵州水院在建立精准扶贫班之初已经与中天城投集团物业管理有限公司、东莞帝豪花园酒店、东莞市佳都纺织科技有限公司、贵州中航电梯有限责任公司、贵州建工集团有限公司5家用人企业达成了定向就业协议。在人才培养方面，健全教学实习和社会实践制度，根据专业特点和企业需求，建立灵活学制，采取"2+1""1+1+1"或"1+0.5+1+0.5"等多种教学模式。并且利用"两假"，学校组织学生到企业进行勤工助学的社会实践活动。剑河县帝豪班出发仪式，如图4-22所示。

图4-22 剑河县帝豪班出发仪式

7. 开办策略小结

贵州水院开设的全免费订单职业教育精准脱贫班，以精准摸底、精准合作、精准招生、精准资助、精准培养和精准就业的"6个精准"为开办策略，如图4-23所示。这种招收、培养、就业方式，实现了全过程、全免费的精准、订单式职业教育人才培养。从实际效果来看，其能够吸引贫困家庭学生就读，同时能帮助贫困家庭脱贫。

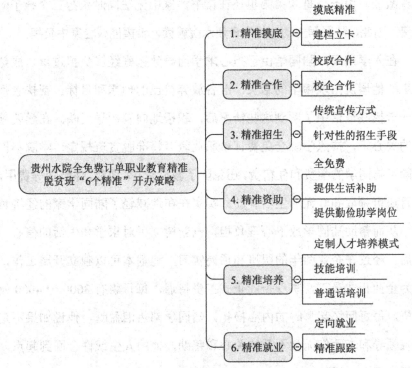

图 4-23　贵州水院全免费订单职业教育精准脱贫班"6 个精准"开办策略

三、典型成果案例

三都水族中天全免费订单职业教育精准脱贫班学生：陆同学

陆同学，男，团员，14 岁，贵州省三都县××镇××村人，就读于贵州水院三都水族中天全免费订单职业教育精准脱贫班。

陆同学来自建档立卡的精准脱贫家庭，家中六口人，经济来源主要是依靠父母在外务工，但长期务工导致父母身体状况不佳，先后住院。父母康复后虽然继续在外打工，但劳动力明显不如过去，致使家中经济来源减弱。由于哥哥和弟弟也还在读书，家中无法同时负担三个孩子的学费，因此，陆同学主动选择来贵州水院就读，希望能减轻家中负担。

在入学期间，陆同学由于担心求学而导致家庭经济负担过重，成熟懂事的他屡次出现辍学的念头，准备放弃自己的理想和目标。帮扶老师在入学摸底谈话中了解到这些情况后，积极地向院领导反映。在学院领导的关心下，按照学院全免费订单职业教育精准脱贫班规定，学院不仅免除了陆同学的学费和住宿费，还免除了教材费、军训费、保险费等费用，每月还可领取600元的生活补助，实实在在地减轻了陆同学家的经济负担，从而帮助陆同学放下心理负担，重新树立了对求学和生活的信心。之后，经过在企业两年的跟班和顶岗实习，他基本可以独立开展工作，成为企业正式员工，享受企业正式工资待遇，每月将有3000～4000元工资。每每回忆起那时的内心挣扎，陆同学都热泪盈眶，他说如果不是学院领导和老师们无微不至的关心和帮助，他的人生或许会回到起点，理想之翼也会折断。

在进入学院前，陆同学还是个有些腼腆的孩子，普通话也不流利，与老师交流时还有些不知所措。进入贵州水院后，在学院领导和老师的关心引导下，他积极参与学院活动，加入学院学生会，参加各种社团活动，并担任了三都水族中天全免费订单职业教育精准脱贫班班长、爱棋艺社团象棋部部长，还成为武术社社员、学院学生会干事。在2018级迎新晚会上，陆同学当着全院近7000名新生表演了《水族三字经》，展现水族传统文化，军训期间也被教官选入军体拳方阵表演。作为班长，在班会等班级事务管理上，陆同学也可以独当一面地自发组织开展工作。

陆同学深有感触地说，如果没有职业教育精准脱贫帮扶的好政策，没有学院的帮扶措施，没有接受优质的职业教育，自己的家庭肯定还会在贫困线上挣扎；如今，通过接受优质的职业技能学习，未来一定会实现家庭的脱贫致富。在陆同学身上充分体现了"职教一人、就业一个、脱贫一家"职业教育的精准脱贫功能，职业教育是直接、现实，成本低、见效快的途径。与异地安置脱贫等其他脱贫方式相比较，教育是更为直接的途径，能起到阻断代际传递的作用。

第四节
贵州省全免费订单职业教育精准脱贫班开办存在的问题

一、大众对职业教育的认识有待转变

根据国家统计局公布的 2018 年前三季度地区生产总值数据，贵州省为 19 939.04 亿元，全国排名第 23 位；2017 年贵州省人均可支配收入 16 703.65 元，全国排名倒数第三，如图 4-24、4-25 所示。同时，根据贵州省统计局发布的数据[47]，贵州省 2018 年上半年第一、二、三产业比重分别为 13%、42%、46%，而全国平均三产比重分别为 5%、40%、54%；在西部省份中，一产占比最高的是贵州，达到 12.78%，贵州产业结构存在不合理现象，如图 4-26 所示。贵州不仅经济结构存在问题，还关联存在着城镇化水平不高、区域发展不平衡、城乡发展不协调、科技创新乏力等问题。由此可见，贵州省的扶贫工作难度较大，职业教育面临很大的压力和挑战。

目前，贵州省职业教育仍然处于相对弱势的地位。根据《中国中等职业教育质量年度报告（2018）》公布的数据[48]，2016 年贵州省高中阶段教育招生职普比为 4.1 ∶ 5.9，全国平均比值为 4.3 ∶ 5.7，贵州省职业教育招生比例全国排名第 17 位,贵州省职普比相对偏低,如图 4-27 所示。

另外,贫困人群对职业教育认识不到位。孟凡华等学者认为,质量不高、资源不足、认知不够等困难,是当前贵州职业教育面临的最大问题[49]。在一些地方,还存在着重视普教和轻视职教的现象。这些问题,在一定程度上对扶贫工作的开展具有影响。

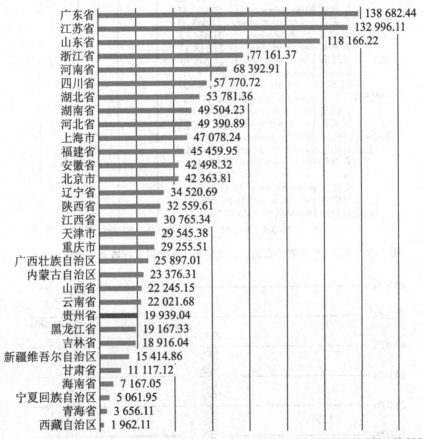

图 4-24　2018 年前三季度各省(自治区、直辖市)地区生产总值(单位:亿元)

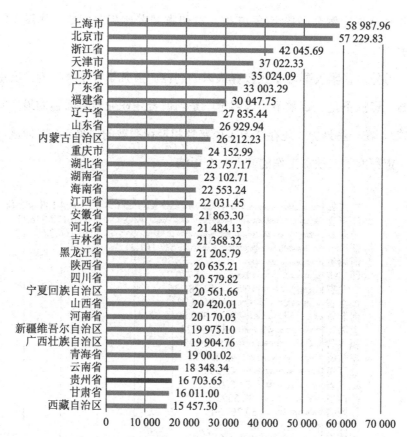

图 4-25　2017 年各省（自治区、直辖市）人均可支配收入（单位：元）

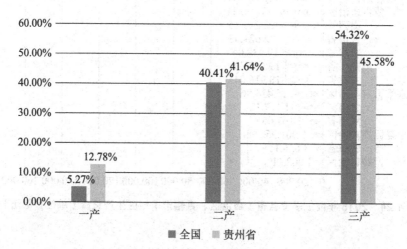

图 4-26　2018 年上半年贵州省以及全国第一、二、三产业比重

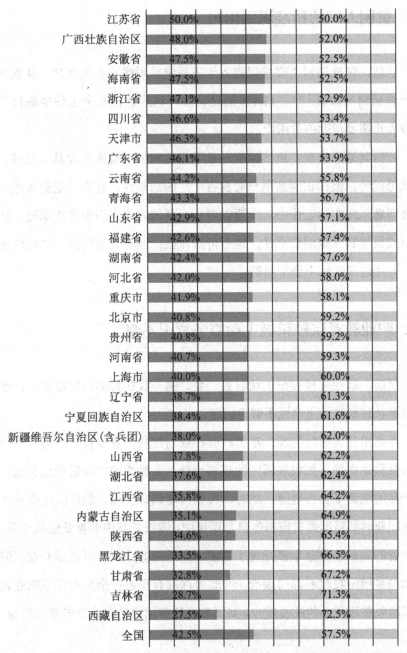

图 4-27 2016 年全国各地高中阶段教育招生职普比

二、贫困人口的精准识别困难

当前,精准识别主要根据收入水平制定贫困线识别贫困户。从农户实地调研情况来看[50],13.1%的受访农户认为建档立卡工作中漏掉了部分真正需要帮助的贫困户。

分析其原因发现,虽然以收入水平刻画和识别贫困程度具有直观、可比等优势,但在识别贫困户时具有一定的局限性,存在一定的难选、漏选问题。在实际工作中,一般以群众投票的方式来识别贫困家庭,这种形式虽然有一定的公平性,也有可操作性,但有时会受到主观性的影响,可能造成区域不公平问题。

三、职业教育院校积极主动服务意识不强

目前,职业院校存在主动与县、乡、镇一级扶贫部门接洽较少,参与精准扶贫脱贫的主动性不够等问题。

课题组在调研时发现,基层政府在规划发展产业项目时急需专业技术人员提供指导,如农旅园区的规划设计、乡村旅游产品的策划包装、农产品的电商平台打造等。同时,根据问卷调研发现,职业院校全免费订单职业教育精准脱贫班招生信息渠道中,政府是其中的重要组成部分。贵州省的高职院校基本都开设了旅游、电子商务、广告策划等专业,但主动与乡镇一级政府部门接洽,与政府深度合作进行全免费订单职业教育精准脱贫班开办的院校较少,共同参与扶贫项目的院校及专业也较少。

四、职业教育精准脱贫的措施有待改善

目前,虽然贵州扶贫方式有了变化,实现了向"造血式"和"精准滴灌"的转变,但是,在资助体系、培养模式、招生制度等方面,还缺乏精准性,实施成效不显著。本次调研的家长,仍然有18.01%不了解中职免学费、国家助学金的资助政策。本次调研的用人单位,仍然全都建议应对全免费订单职业教育精准脱贫班的学生"加强职业素养教育"和"加强专业技能"的培养。

五、职业教育精准脱贫的效果需要提升

当前,部分学校开设专业时缺乏有效的市场调查,经常以热门为标准开设专业,没有合理考虑市场需求,导致学生毕业即失业。例如,某学院在进行电子商务专业人才社会需求调研时,仅实地走访并调研了学校所在地的29家企业[51]。另外,部分院校的教师也缺乏实践经验,双师型教师缺乏,也导致学生实操能力较差,职教扶贫效果不佳[52]。

第五章

贵州省全免费订单职业教育精准脱贫班开办策略

第一节
精准摸底

一、摸底精准

根据贵州省全免费订单职业教育精准脱贫班存在的贫困人口精准识别困难的问题，学院应针对精准扶贫建档立卡的贫困学生制定"一对一"帮扶方案，并提供资助。从学院领导、中层干部，到普通教职工，都有明确的对口帮扶对象。开设全免费订单职业教育精准脱贫班的学院领导及教师可以与对口帮扶的贫困学生每月进行当面沟通，深入了解学生的生活、学习、思想、家庭各方面情况并作详细的谈话记录，明确帮扶对象的个人及家庭背景，了解致贫原因，为后期制定有针对性的帮扶方案提供依据。帮扶教职工需熟知资助政策，帮助学生深入了解资助政策，必要时及时运用资助政策帮助学生解决问题。针对贵州省全免费订单职业教育精准脱贫班开办存在的大众对职业教育的偏见问题，学院应以案例教学方式，通过讲身边人、学习身边事，集体学习或单独辅导等方式对帮扶学生进行励志教育，帮助学生树立正确的"为自己学习"的学习观，激发学生学习的内生动力，培养学生"以学业为重，自信积极向上"的阳光健康心态。

二、建档立卡

完善建档立卡,详细了解贫困家庭学生的现状,了解其家庭适龄劳动力情况、经济负担、致贫原因、主要经济收入等具体情况,对贫困学生进行精准分类。在建档立卡的基础上,根据贫困生的文化程度、年龄、学习意愿等情况,制定不同的职教帮扶方案,实施有针对性的教育培养。

第二节
精准合作

在精准合作上,开办全免费订单职业教育精准脱贫班的院校可以使用"政、校、企"三主体精准合作模式。这种学校在牵手企业的同时牵手政府的一条龙式招生培养就业保障体系,能够保证脱贫班精准招收贫困家庭学生,达到扶贫先扶智、助力脱贫的目的。

一、校政合作

针对贵州省全免费订单职业教育精准脱贫班开办存在的职业院校主动服务意识不强的问题,学院以政府精准招生和精准资助为抓手,签署校政合作框架协议,通过地方政府宣传和招收精准扶贫订单班,使得精准脱贫生招得进来、培养合格、能够就业。另外,政府在合作中应负责结合实际梳理职业教育精准扶贫需求,提出结对帮扶需求建议,积极配合学校和企业开展结对帮扶工作,制定帮扶项目落实措施和帮扶项目工作方案。

二、校企合作

对于招收的精准脱贫学生,可以采用与企业合作的方式,签订订单培养协议,即企业针对性培养工作人才,学生通过"1.5+1.5"的培养方式在学校和企业学习,完成学业后直接到合作企业就业。这种针对性的培养方式,一方面保障了企业的人员需求和人员合格上岗品质,另一方面也能够使精准脱贫学生有就业保障,吸引贫困家庭子女入读。

第三节
精准招生

在前期的调研中，课题组发现对于潜在的招生群体而言，职业教育全免费订单职业教育精准脱贫班招生宣传不足。同时，全免费订单职业教育精准脱贫班的开办策略应该包含招生宣传方法的研究。因此，在贫困人口集中居住地，政府应帮助学校进行招生工作的协调和宣传，实行精准宣传。

在精准招生的实施方式上，应该从传统宣传方式和针对性的招生手段两点同时出发开展招生宣传工作。在传统招生宣传上，学校应在制订招生计划以后，公布招生简章。在针对性的招生手段上，则需要结合媒体进行宣传。由于农村地区对电视新闻报道、媒体宣传较为信任，而且其覆盖面较广，能够较为有效地传播信息，因此，可以借助媒体对校企合作招收精准扶贫班的事宜进行新闻报道。同时，与政府合作，通过地方政府宣传和精准招收贫困家庭学生，有助于达到精准招收贫困生的目的。

第四节
精准资助

为充分发挥职业教育精准脱贫的独特优势，应加大对职业教育的资助力度，使职业教育精准脱贫资助体系更加完善，确保职业院校学生不因贫困而失学。

一、全免费

在落实既有补助政策的基础上，全免费订单职业教育精准脱贫班的院校应提供扶贫专项资金，对脱贫班学生每年全免费，即减免订单班学生三年的学费、住宿费、教材费、保险费、班费，以及开学的军训费、服装费、体检费、床上用品费等所有费用。另外，应安排班主任或者辅导员，在对学生进行调查后，根据学生的具体贫困状况，实行更精准的帮扶措施。

二、提供生活补助

根据贵州水院全免费订单职业教育精准脱贫班学生的访谈调研,以及云南等其他省份开设全免费订单职业教育精准脱贫班的经验,对于贫困家庭而言,除了教育开支以外,学生的生活费用也是一项不小的负担。对于全免费订单职业教育精准脱贫班的学生,学校可以提供每月的生活补助,以真正实现"拎包就读",让全免费订单职业教育精准脱贫班的学生和家庭真正无忧入学。

三、提供勤俭助学岗位

为了解决订单班学生上学难、就业难的问题,利用学校搭建的就业实习平台,可以让全免费订单职业教育精准脱贫班的学生利用寒暑假参与社会实践,挣得学费,完成学业。另外,学校应积极培养学生获得技能证书,让其将来可以持证上岗。

第五节
精准培养

一、定制人才培养模式

  针对贵州省全免费订单职业教育精准脱贫班开办存在的开办举措有待改进和扶贫成效有待提高的问题,开设全免费订单职业教育精准脱贫班的学院应与合作企业联合制定培养方案,根据不同企业的要求制定不同的人才培养模式,比如"1+1+1"和"1.5+1.5"培养模式。"1+1+1"的人才培养模式是指:第一年在学校进行理论基础学习,第二年安排学生到企业进行教学的实习,第三年通过师傅带徒弟的方式进行顶岗实习。"1.5+1.5"培养模式是指:前1.5年在学校学习,后1.5年到企业进行师傅带徒弟方式的顶岗实习,在学院对成绩合格的学生颁发中专毕业证书后,由学院统一安排到企业就业。

二、技能培训

  在专业技能培养方面,力求做到精准对接、精准育人"双精准",主动与企业合作,按照企业需求调整教学,推进课程改革;鼓励产业、行业、企业参与到职业教育当中，把教育和生产、教师和师傅、课程和生产标准统一起来，提高职业教育"双精准"水平；培养有工匠精神、知识素养和技术水平的技能型人才；通过分层培养、因材施教、精准施策，使得学院在专业建设和人才培养等方面达到最佳状态。

三、普通话培训

在调研过程中，课题组发现，部分贫困人群只会讲本地方言，甚至还不能完全听懂普通话。这种情况影响了教师对全免费订单职业教育精准脱贫班学生的帮扶交流及相关扶贫政策的宣传。要解决这个难题，首先要帮助贫困群众消除语言障碍，加强推普脱贫普通话培训工作。同时，根据青海省、内蒙古自治区等省份职业教育脱贫实施经验，应加强民族地区贫困家庭子女学习掌握使用普通话，解决因语言不通而无法就业创业的问题。因此，开办全免费订单职业教育精准脱贫班的学院应将普通话作为入学第一学期的课程列入人才培养方案，这能在很大程度上解决全免费订单职业教育精准脱贫班学生学习先进技术难、就业创业难、应聘难等问题。

第六节
精准就业

一、定向就业

开设全免费订单职业教育精准脱贫班的学院应通过签订订单培养协议的方式,以实现学生的精准培养后的定向就业。另外,帮扶教职工应根据帮扶学生所学专业给予就业指导,进行就业教育,帮助联系就业单位,推荐实习、就业。

二、精准跟踪

根据职业教育精准脱贫的一般策略及贵州水院的实践经验,学院及负责帮扶的教职工应跟踪学生就业质量,做好学生帮扶就业跟踪记录,根据跟踪情况帮助学生拓展就业提升路径,保证学生就业质量。同时,汇总收集就业跟踪信息后,学院应及时总结经验,调整开办策略,以提升精准脱贫效果。

第六章
研究结论与展望

第一节
课题研究结论

  本书的特色在于针对贵州省全免费订单职业教育精准脱贫班开办策略上，探讨如何做到精准招收贫困家庭学生？如何培养合格的职业技能人员？如何保障精准脱贫生的就业？本书分析了怎样才能实现全免费订单职业教育精准脱贫班开办的精准性。

  课题组通过使用文献研究法、调查研究法、实证分析法等研究方法，得出以下结论：

  （1）通过对人力资本理论、可行能力理论和动态贫困理论等的研究发现，职业教育是提升贫困家庭劳动力的可行能力，增加其收入，打破贫困生命周期，在根本上脱贫的有效方法。

  （2）目前全免费订单职业教育精准脱贫班开办的主要困难在于：大众对职业教育的认识有待转变，贫困人口的精准识别存在困难，职教院校积极主动服务意识不强，职教精准扶贫的举措有待改进，另外，职教精准扶贫的成效也有待提高。

  （3）针对目前全免费订单职业教育精准脱贫班存在的问题和贫困人群的现状，结合贵州省和其他省份开设全免费订单职业教育精准脱贫班的经验，课题研究团队认为，应从精准摸底、精准合作、精准招生、精准资助、精准培养和精准就业 6 个方面进行全免费订单职业教育精准脱贫班的开办。其具体开办策略要点，如图 4-23 所示。这种招收、培养、就业的方式可以吸引贫困家庭学生就读，同时能够助力贫困家庭脱贫。

第二节
课题研究展望

脱贫攻坚是我国当前重要的政治任务，2018年中央一号文件指出，实施乡村振兴战略是新时代"三农"工作的总抓手。要全面建成小康社会，实现第一个百年奋斗目标，必须推动农业全面升级、农村全面进步、农民全面发展。脱贫攻坚的对象是贫困户和贫困村，乡村振兴的对象是现阶段中国的农业、农村和农民。贫困地区的乡村振兴要围绕脱贫攻坚展开，打好乡村振兴的基础。

全免费订单职业教育精准脱贫班是职业教育扶贫的重要方式之一，通过贵州及其他省份的实践经验来看，以"6个精准"为开办策略的全免费订单职业教育精准脱贫班改变了过去"大水漫灌"的职业教育培养方式，实现了针对贫困地区、贫困学生职业教育的"精准滴灌"，达成了"职教一人、脱贫一家"的目标，能够助力完成贫困地区的脱贫攻坚任务。同时，全免费订单职业教育精准脱贫班不仅精确瞄准贫困人口，也精确瞄准了当地产业需求，以定制的人才培养方式为当地企业定向输送所需人才。该方式可以解决农村产业和农民就业两个问题，确保当地群众长期稳定增收、安居乐业，让当地的绿水青山变为金山银山，从职业教育领域协助实现乡村振兴的最终目标。

附录

附录 A 名词解释

1. 精准扶贫

精准扶贫是粗放扶贫的对称,是指针对不同贫困地区环境、不同贫困家庭状况,运用科学有效程序对扶贫对象实施精确识别、精确帮扶、精确管理的治贫方式。2013年11月,习近平总书记到湖南湘西考察时首次作出了"实事求是、因地制宜、分类指导、精准扶贫"的重要指示。

2. 教育扶贫

教育扶贫是指,通过普及教育使贫困人口有机会得到所需的知识技能,以改变其从事的经济活动,提高其收入,改善其生存质量。教育扶贫的形式包括:①针对贫困家庭学生开办教育扶贫班;②针对剩余劳动力转移而进行的技能培训班;③为国家扶贫重点县建立教育扶贫远程教学站;④实施教育扶贫工程;⑤设立教育扶贫救助基金;⑥进行教育扶贫捐赠;⑦提供教育扶贫资助金。

3. 六个精准

习近平总书记2015年6月在贵州考察时,提出了扶贫开发工作"六个精准"的基本要求,即扶持对象精准、项目安排精准、资金使用精准、措施到户精准、因村派人精准、脱贫成效精准。"六个精准"的提出，为精准扶贫指明了努力的方向。

4. 6个精准

"6个精准"特指对贵州省全免费订单职业教育精准脱贫班开设策略的概括，即精准摸底、精准合作、精准招生、精准资助、精准培养和精准就业。

附录 B 贵州省职业教育精准脱贫重要文件

2015 年：《贵州省创新职教培训扶贫"1 户 1 人"三年行动计划（2015—2017 年）》出台，计划用 3 年时间实现 120 万农村建档立卡贫困户"1 户 1 人 1 技能"全覆盖。

2016 年：《贵州省教育精准脱贫规划方案（2016—2020 年）》出台，重点实施学生精准资助惠民、教育对口帮扶、教师队伍素质提升、特殊困难群体关爱、办学条件扩容改善、职业教育脱贫富民、农村和贫困地区招生倾斜、教育信息化推广等教育精准扶贫八大计划。

2018 年：《关于实施贵州省教育精准脱贫"1+N"计划的通知》印发，将重点聚焦深度贫困地区，全力保障贫困地区学生享有公平有质量的教育，提升贫困人口受教育水平和就业创业、脱贫致富能力。

附录 C 课题组成员名单及分工

课题组成员名单及分工，如表 C-1 所示。

表 C-1 课题组成员名单及分工

姓名	性别	年龄	职称	专业	工作单位	课题中的分工
陈海梁	男	55	高级	经济管理	贵州水利水电职业技术学院	项目主持人
盛莉	女	44	高级	汉语言文学	贵州水利水电职业技术学院	调研、资料准备
王太广	男	45	高级	电力系统及其自动化	贵州水利水电职业技术学院	前期宣传、调研总结
杨斌	男	35	初级	影视表演	贵州水利水电职业技术学院	调研、后期
夏红湄	女	29	初级	艺术设计	贵州水利水电职业技术学院	调研、资料准备及汇总
段苏玲	女	30	初级	艺术设计	贵州水利水电职业技术学院	调研、资料汇总

附录 D 调研样本量统计

本次关于贵州省全免费订单职业教育精准脱贫班开办策略研究调查问卷，主要面向学生、教师、家长、行政机构和合作单位展开。调查问卷采用专业的调研系统制定，通过社交软件发放，在线填报，数据采集周期为 10 个工作日。调研数据有效样本回收统计，如表 D-1 所示。

表 D-1 调研数据有效样本回收统计

社会调查	样本量/人
学生	436
教师	20
家长	211
行政机构	6
合作单位	4
合计	677

附录 E 问卷调查报告

一、学生调研分析

1. 学生调研总体情况介绍

学院委托四川兴合田职业教育研究院对贵州省全免费订单职业教育精准脱贫班学生进行了问卷调研，共采集有效问卷 436 份，其中一年级 385 份、二年级 47 份、三年级 4 份。主要调研学生的入学时基础水平、家庭背景、普通话应用、教学满意度、职业发展等内容。

2. 被调研学生总体情况

本次被调研学生群体中，男生 328 人，占比 75.23%，女生 108 人，占比 24.77%，如图 E-1 所示。学生的主要年龄阶段为 16～19 岁，占 83.26%，如图 E-2 所示。学生中少数民族是主要构成群体，占比 79.59%，汉族占比 20.41%。

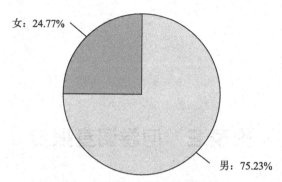

图 E-1 被调研学生的性别比例

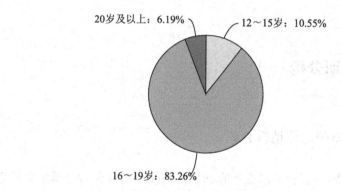

图 E-2 被调研学生的年龄阶段

本次调研主要收集 7 个院校就读的全免费订单职业教育精准脱贫班学生,如图 E-3 所示。

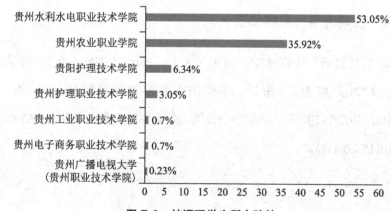

图 E-3 被调研学生所在院校

3. 被调研学生入学时状态

本次被调研学生主要通过初中老师推荐、政府部门宣传、开展"全免费订单职业教育精准脱贫班"的学校招生宣传和熟人推荐获知全免费订单职业教育精准脱贫班的信息，其中"初中老师推荐"占比48.59%，"政府部门宣传"占比32.86%，"开展'全免费订单职业教育精准脱贫班'的学校招生宣传"占比30.99%，如图E-4所示。由此可见，在全免费订单职业教育精准脱贫班的招生宣传途径上，初中学校、政府和招生院校是主要参与者。

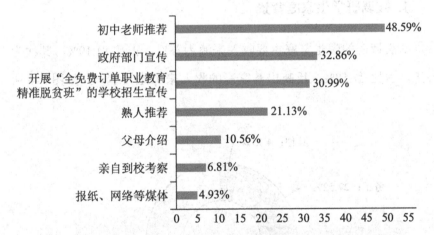

图 E-4　获知了解全免费订单职业教育精准脱贫班的信息途径

学生就读全免费订单职业教育精准脱贫班前的最高学历，87.79%的是初中，高中学历仅占7.04%。被招入学时，学生主要为初中应届毕业生，占比76.06%，可见初中学校在招生宣传中的作用非常重要，与学生获知招生的信息途径结果相呼应，如图E-5所示。另外，入学时85.45%的学生没有工作经历，仅14.55%的学生有部分工作经历。

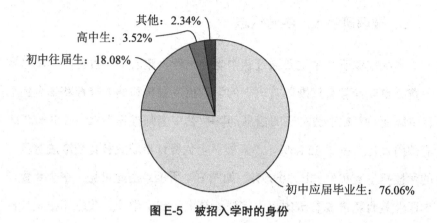

图 E-5　被招入学时的身份

4. 被调研学生家庭背景

本次调研的学生家庭主要收入来源为务农，占比 81.19%，其次为务工，占比 27.52%，反映出其家庭的收入来源比较单一，如图 E-6 所示。

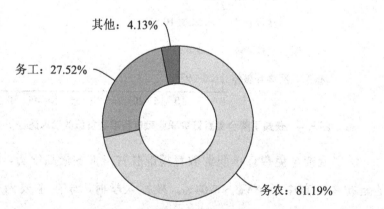

图 E-6　学生家庭主要收入来源

从学生的角度来看其家庭贫困的原因，他们认为"收入单一，除务农外没有其他收入来源"是主要原因（占比 67.43%），其次为"居住地自然条件差"（占比 31.88%）和"因学致贫（子女抚养负担重）"（占比 30.73%），如图 E-7 所示。

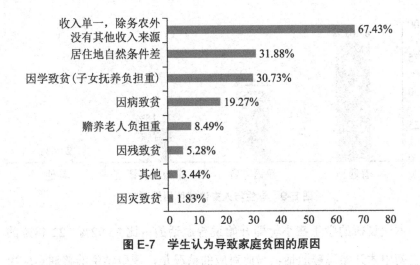

图 E-7　学生认为导致家庭贫困的原因

5. 被调研学生普通话应用水平

本次调研的学生小时候最先会说的语言,是少数民族语言的占比 47.94%,是汉语方言的占比 37.84%,是普通话的仅占 12.61%,如图 E-8 所示。

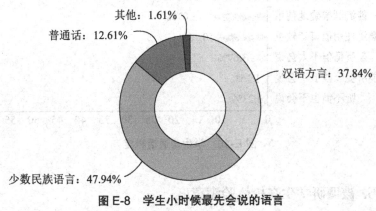

图 E-8　学生小时候最先会说的语言

本次调研的学生与人交谈时,有 87.61% 的学生可以使用普通话,52.52% 的可以使用汉语方言,25.15% 的可以使用少数民族语言,如图 E-9 所示。

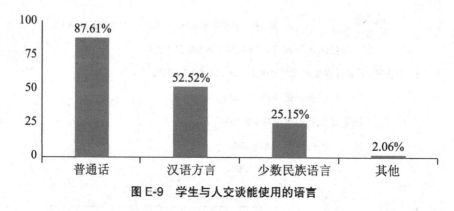

图 E-9 学生与人交谈能使用的语言

本次调研的学生在小学即开始说普通话的占比 75.92%，22.48% 的学生初中才开始说普通话。与此对应的情况是，调研学生的普通话应用水平普遍不高。问卷调研反映出"能熟练使用但有些音不准"的学生占比 53.90%，"基本能交谈但不太熟练"的占比 17.20%，"能流利准确地使用"的仅占比 13.07%，如图 E-10 所示。

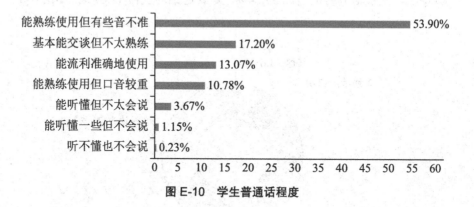

图 E-10 学生普通话程度

6. 被调研学生在校体验满意度

本次调研的学生目前在学习和生活中的主要困惑是，"经济困难"的学生占比 67.89%，"知识、技能学习跟不上"的占比 63.30%，其余困惑占比均较小，如图 E-11 所示。

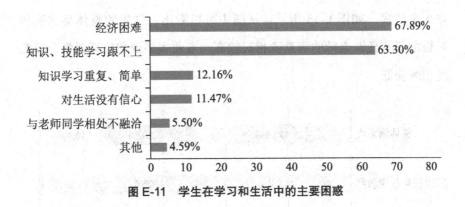

图 E-11 学生在学习和生活中的主要困惑

本次调研的学生对"职教一人、就业一个、脱贫一家"的扶贫战略的认可度为 96.79%，整体认可度很高。其中，37.84% 的学生非常认可，35.78% 的比较认可。

本次调研的学生对所学的专业普遍感兴趣，非常感兴趣的学生占比 21.36%，比较感兴趣的学生占比 41.78%，一般感兴趣的学生占比 32.86%，如图 E-12 所示。

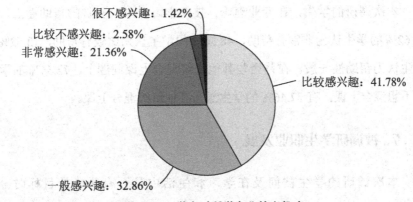

图 E-12 学生对所学专业的兴趣度

本次调研学生的在校体验主要通过学生对整体满意度、理论课学习、专业实训课学习、班主任和任课老师这 4 方面的满意度来衡量。在校生的满意度分为非常满意、比较满意、基本满意、比较不满意和非常不满意 5 个纬度，如图 E-13 所示。从图中可以看出，学生的整体满意度和对班主任和任课老师的满意度相对较高，专业实训课和理论课学习满意度相对偏低。

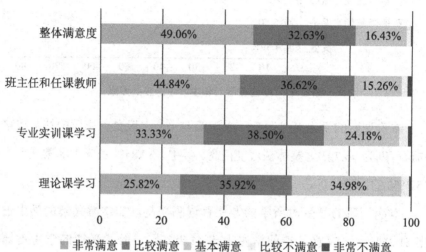

图 E-13　学生在校体验满意度

本次调研的学生，在专业理论、技能学习对未来脱贫的帮助性上，36.62% 的学生认为非常有帮助，48.36% 的学生认为比较有帮助，13.62% 学生认为帮助性一般。在是否与其他班级混合上课问题上，72.54% 的学生不想混合上课，有 27.46% 的学生想与其他班级混合上课。

7. 被调研学生职业发展

本次调研的学生被问及在学习和生活中是否有明确的目标时，36.47% 的学生"有清晰但比较短期的目标"，35.55% 的学生"有清晰而长远的目标"，但 25.46% 的学生"目标模糊"和 2.52% 的学生"没有目标"，如图 E-14 所示。

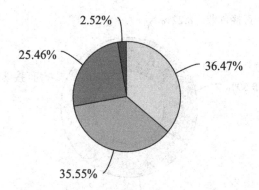

有清晰但比较短期的目标　　有清晰而长远的目标　　目标模糊　　没有目标

图 E-14　学生在学习和生活中目标的明确性

本次调研的学生在对于自己适合的职业发展方向上，55.73%的学生不太了解，37.84%的学生了解，如图 E-15 所示。同时，对于自己的职业生涯规划，23.62%的学生"有清晰久远的规划"，30.73%的学生"有清晰短期的规划"，42.66%的学生"有一点规划，但考虑不多"，2.98%的学生"没有考虑过"。

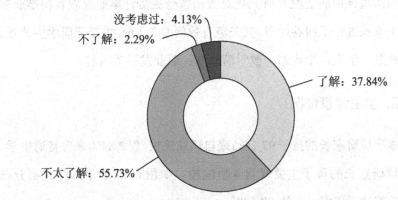

图 E-15　学生对自己适合的职业发展方向的了解程度

本次调研的学生在对于未来毕业后的计划上，38.26%的学生准备直接就业，25.59%的学生想升学，8.22%的学生想自主创业，如图 E-16 所示。

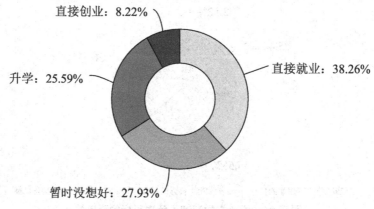

图 E-16　学生对未来毕业后的计划

二、家长调研分析

1. 家长调研总体情况介绍

四川兴合田职业教育研究院对贵州省全免费订单职业教育精准脱贫班学生家长进行了问卷调研，共采集有效问卷211份，主要调研学生背景、家庭背景、学生入学状态、教学满意度、职业发展等内容。

2. 学生背景情况

本次调研家长的孩子97.16%来自职业院校，仅2.84%来自普通中学。目前调研家长的孩子主要来自4所院校，如图 E-17 所示。绝大部分孩子目前就读一年级，占比 97.63%。

3. 家庭背景

本次调研的家庭，主要收入来源为务农，占比 82.94%，其次为务工，占比 29.86%，如图 E-18 所示。

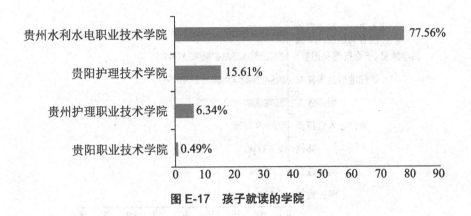

图 E-17　孩子就读的学院

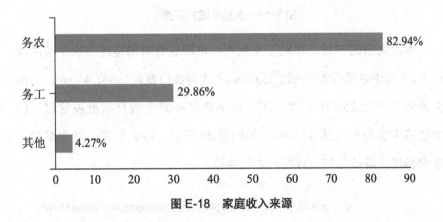

图 E-18　家庭收入来源

本次调研的家长认为,家庭贫困的主要原因是,"收入单一,除务农外没有其他收入来源"占比 71.56%,"因学致贫(子女抚养负担重)"占比 37.44%,"居住地自然条件差"占比 32.70%,"因病致贫"占比 22.27%,如图 E-19 所示。

4. 学生入学状态

本次调研的家长认为,了解中职免学费、国家助学金的资助政策的占比 81.99%,不了解的占比 18.01%。

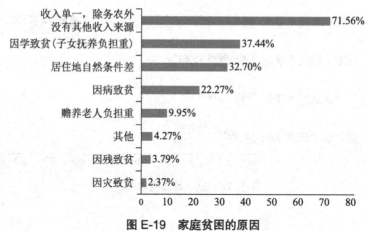

图 E-19　家庭贫困的原因

本次调研的家长,在对于全免费订单职业教育精准脱贫班了解的途径上,"初中老师推荐"占比 53.66%,"政府部门宣传"占比 44.88%,"熟人推荐"占比 26.83%,"开展'全免费订单职业教育精准脱贫班'的学校招生宣传"占比 22.93%,如图 E-20 所示。由此可见,初中学校、政府和招生院校为招生宣传的主体单位。

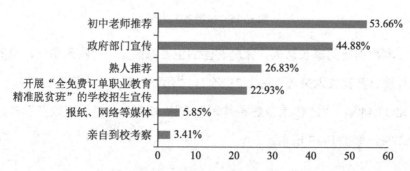

图 E-20　了解全免费订单职业教育精准脱贫班的信息途径

5. 对学校的满意度

本次调研的家长对学校的满意度主要从教育总体满意度、学校社团活动开展、班主任和任课教师、办学基础条件 4 个方面来衡量。对学校的满意度分为非常满意、比较满意、基本满意、比较不满意和非常不满意 5 个纬度，如图 E-21 所示。从图中可以看出，家长对总体满意度与对班主任和任课老师的满意度相对较高。

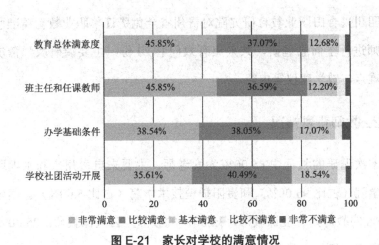

图 E-21　家长对学校的满意情况

6. 对学生的职业发展期望

本次调研的家长，对于孩子在专业学习后能不能带动家庭脱贫的可能性上，32.20% 的认为一定能，49.76% 的认为有可能，18.04% 的不清楚。对于孩子毕业后的去向，54.63% 的家长要看孩子的意愿，22.93% 的家长想让孩子升学，22.44% 的家长想让孩子直接就业，如图 E-22 所示。

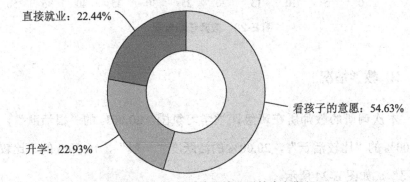

图 E-22　家长对孩子毕业后的去向期望

三、教师调研分析

1. 教师调研总体情况介绍

四川兴合田职业教育研究院对贵州省全免费订单职业教育精准脱贫班教师进行了问卷调研,共采集有效问卷20份,主要调研教学情况、教学难点、教学建议等内容。

2. 教师背景情况

本次调研的教师中65.00%为女老师,主要来自贵州水利水电职业技术学院(占比95.00%)和贵阳护理技术学院(占比5.00%)。其中,45.00%的教师为专业课教师,35.00%的教师为公共课教师,25.00%的教师为班主任,如图E-23所示。

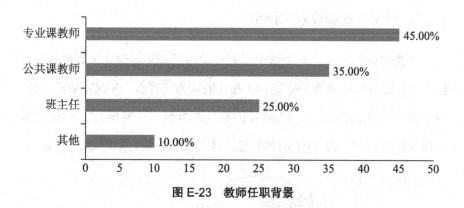

图 E-23　教师任职背景

3. 教学情况

本次调研的教师所在班级课堂学习氛围,20.00%的"很活跃",50.00%的"比较活跃",20.00%的活跃度"一般",10.00%的"比较沉闷",如图E-24所示。

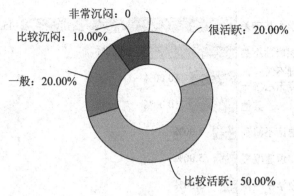

图 E-24　班级课堂学习氛围

4. 教学难点

本次调研的教师，在教学方法上，对于全免费订单职业教育精准脱贫班和其他班级，37.50% 的教师认为"没有不同"，25.00% 的认为应"多引导多鼓励多动手"，18.75% 的认为应"加强德育教育"，如图 E-25 所示。

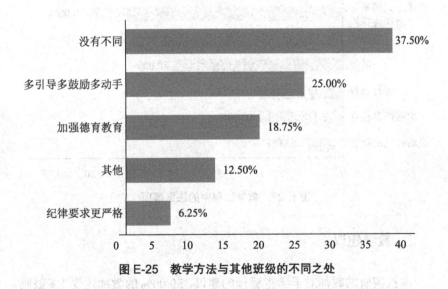

图 E-25　教学方法与其他班级的不同之处

本次调研的教师对于课堂教学的难点，45.00% 的教师认为"学生基础差"，20.00% 的教师认为学生的"学习积极性不高"，如图 E-26 所示。

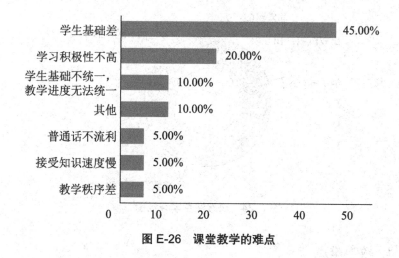

图 E-26　课堂教学的难点

本次调研的教师对于教学过程中的注意事项，30.00% 的教师认为应"讲课方式简单化，增加趣味性"，25.00% 的教师认为应"多鼓励"，如图 E-27 所示。

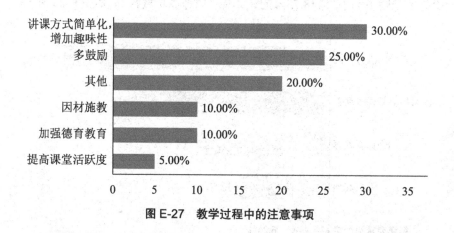

图 E-27　教学过程中的注意事项

5. 教学建议

本次调研的教师对于学生管理的建议，30.00% 的教师建议"多鼓励，多引导"，15.00% 的教师建议"严格教育，爱在细微"，10.00% 的教师建议"培养良好习惯"，如图 E-28 所示。

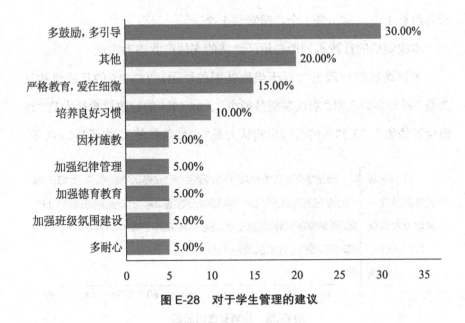

图 E-28　对于学生管理的建议

四、行政机构调研分析

1. 行政机构调研总体情况介绍

四川兴合田职业教育研究院对贵州省的教育行政机构进行了问卷调研，共采集有效问卷 6 份，主要调研当地情况、对学生的期望、提供的帮助、开办期望及建议等内容。

2. 行政机构背景情况

本次调研的 6 个行政机构均属于县级行政机构，人民政府机构 2 个，教育行政机构 4 个。

3. 当地情况

本次调研的行政机构所在地区，剑河县 2 个，黄平县 1 个，三都水族自治县 1 个，雷山县 1 个，晴隆县 1 个。

本次调研的行政机构所在地区经济的支柱产业均为农业。

本次调研的行政机构对于当地贫困的原因，83.33% 的行政机构认为是"思想落后"和"农民掌握技能少"，66.67% 的行政机构认为是"地理位置偏僻"，33.33% 的行政机构认为是"自然条件差"，如图 E-29 所示。

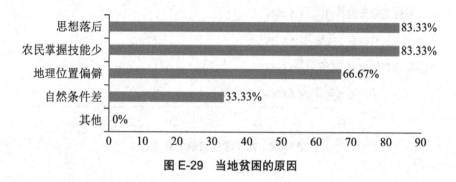

图 E-29　当地贫困的原因

本次调研的行政机构所在地开展的精准扶贫工作情况，100.00% 的开展了"异地扶贫搬迁"，83.33% 的开展了"干部驻村帮扶""职业教育培训"和"扶贫小额信贷"，66.67% 的开展了"电商扶贫"和"致富带头人创业培训"，如图 E-30 所示。

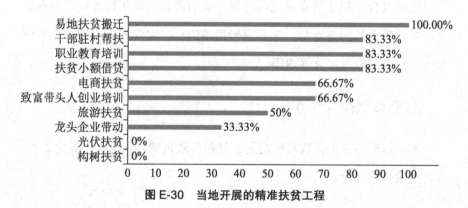

图 E-30　当地开展的精准扶贫工程

4. 对学生的成长期望

本次调研的 6 个行政机构中,有 5 个行政机构希望学生成长后能实现"职教一个,就业一个,致富一个",仅 1 个行政机构希望学生"读完大学毕业"。

5. 对脱贫班开办提供的帮助

本次调研的 6 个行政机构中,有 4 个行政机构表示对于全免费订单职业教育精准脱贫班的开办可以提供"宣传发动,生源组织",有 2 个行政机构表示可以提供"协助配合管理"。

6. 对脱贫班开办期望及建议

本次调研的 6 个行政机构对于全免费订单职业教育精准脱贫班的开办期望及建议中,有 3 个行政机构表示希望"扩大规模",有 2 个行政机构希望实现"精准培养,精准就业",有 1 个行政机构希望"加强执行力度",如图 E-31 所示。

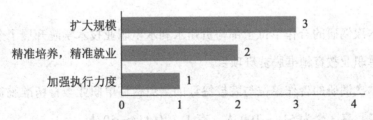

图 E-31 对全免费订单职业教育精准脱贫班开办的期望及建议

五、合作单位调研分析

1. 合作单位调研总体情况介绍

四川兴合田职业教育研究院对全免费订单职业教育精准脱贫班的合作单位进行了问卷调研，共采集有效问卷4份，主要调研合作情况、培养建议、人才需求情况等内容。

2. 合作单位背景情况

本次调研的合作单位在单位性质上，有2个为公私合作企业，2个为私营企业。

在合作单位所属的行业上，有2个为服务业，1个为房地产/建筑业，1个为生产/加工/制造业。

在合作单位的规模上，有2个规模超1000人，1个为201～1000人，1个为51～200人。

3. 合作情况

本次调研的合作单位全部与贵州水利水电职业技术学院开展了全免费订单职业教育精准脱贫班项目。

本次调研的合作单位与院校签订的全免费订单职业教育精准脱贫班的规模，有3个为51～100人，有1个为11～50人。

本次调研的合作单位与院校开展的校企合作方式中，100.00%的开展了"合作订单班"，75.00%的"提供学生实习岗位"和"提供学生就业岗位"，50.00%的"提供兼职教师"和"校企共建人才培养方案"，25.00%的"联合办学""提供教师实践岗位"和"校企共同指导学生双创教育",如图 E-32 所示。

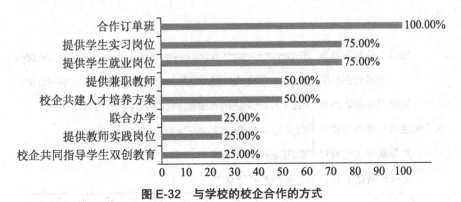

图 E-32　与学校的校企合作的方式

4. 培养建议

本次调研的合作单位对于全免费订单职业教育精准脱贫班学生的考核方式,100.00% 的考核"专业技能"和"沟通能力",75.00% 的考核"实践经历""职业性格"和"组织协调能力",50.00% 的考核"毕业成绩"和"其他",如图 E-33 所示。

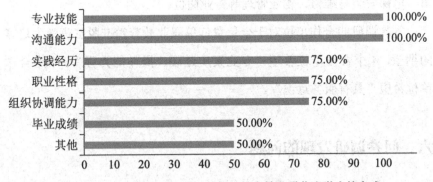

图 E-33　单位考核全免费订单职业教育精准脱贫班学生的方式

本次调研的合作单位对全免费订单职业教育精准脱贫班学生的培养建议,100.00% 的提出"加强职业素养教育"和"加强专业技能",75.00% 的提出"加强理论知识教育"和"加强沟通与协调能力教育",

25.00%提出"加强基础文化教育"和"加强创新创业教育",如图E-34所示。

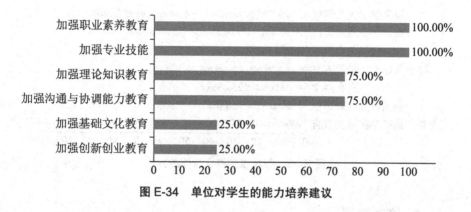

图E-34 单位对学生的能力培养建议

5. 合作单位人才需求情况

本次调研的合作单位对于人才需求的数量,1个合作单位为100人以上,2个为50~100人,1个为50人以下。

本次调研的合作单位对于人才需求的岗位,主要为建筑工程技术人员、电梯安装与维修、物业管理等专业岗位。

本次调研的合作单位对于全免费订单职业教育精准脱贫班学生培养的期望,4个合作单位希望"专业素质过硬,操作能力强",1个合作单位希望"具有服务意识"。

六、问卷调研发现的问题

1. 贫困家庭的致贫原因

(1)从贫困家庭自身角度看待家庭致贫原因。本次调研的贫困家庭反馈,其主要收入来源为务农的占比82.94%;同时,贫困学生的家长认为家庭贫困的主要原因为"收入单一,除务农外没有其他收入来源"的占比71.56%。贫困家庭从事生产行业主要以低效率的传统家庭农业生产(占比82.94%)和劳动密集型第二产业务工(占比29.86%)为主,其在第二产业中主要集中于轻工业产品加工、建筑施工、食品加工、化工制造等对劳动力密度需求较大的行业。在访谈中,课题组也同样发现,贫困家庭劳动力的受教育水平普遍不高,且缺少必要的职业能力教育;收入多以大量的体力劳动付出来换取,岗位流动性大,收入不稳定。

(2)从行政机构角度来调查贫困家庭的致贫原因。本次调研的行政机构对于当地贫困原因的反映是,除了"思想落后"和"农民掌握技能少"因素外,66.67%的行政机构认为是"地理位置偏僻",33.33%的行政机构认为是"自然条件差";同时,贫困地区的支柱产业均为农业。

综合贫困家庭和行政机构的调查结果可见,除了当地"地理位置偏僻"和"自然条件差"客观因素以外,贫困家庭致贫的表面原因是"收入单一,除务农外没有其他收入来源""思想落后"和"农民掌握技能少"。其致贫的深层原因是,家庭主要劳动力由于缺乏适当的教育培训而不得不从事低效率的劳动密集型农业生产,即使贫困家庭主要劳动力明知当地在地理区位上具有交通不便、土地贫瘠、资源匮乏的特点,也无法依靠自身力量进行劳动力转移。该调查结果印证了"可行能力理论"的观点,即"教育"因素在内的"可行能力"的丧失,是个人致贫的原因之一。而目前贵州省全免费订单职业教育精准脱贫班学生所在的贫困家庭正处在"缺乏教育"而深陷贫困的状态当中。

针对目前贫困家庭的状态应用"动态贫困理论"可知,增加教育和培训的投入是帮助贫困家庭脱贫的有效手段。结合调研了解到,当地在地理区位上普遍具有交通不便、土地贫瘠、资源匮乏的特点,较难靠自身条件招商引资。同时,低效率的劳动密集型农业生产模式不足以吸引大量劳动力并创造足够的财富，从而导致农村劳动力大量外流务工。虽然人口转移是工业化进程中的必然趋势，但大量劳动力的流失在一定程度上削弱了贫困地区的社会经济发展动力，使之进入更加贫困的循环怪圈。课题组认为，在全免费订单职业教育精准脱贫班开办的培养策略上，应尽量开设与当地产业密切相关的、急需的专业人才，使毕业学生优先服务于地区经济，做到既有工作岗位，又有工匠人才。

2. 招生合作

本次调研学生主要通过初中老师推荐、政府部门宣传、开展"全免费订单职业教育精准脱贫班"的学校招生宣传和熟人推荐获知全免费订单职业教育精准脱贫班的信息，其中，初中老师推荐占比48.59%，政府部门宣传占比32.86%，开展"全免费订单职业教育精准脱贫班"的学校招生宣传占比30.99%。可见，在全免费订单职业教育精准脱贫班的招生宣传途径上，初中学校、政府和招生院校是主要参与者。本次调研的家长对于全免费订单职业教育精准脱贫班了解的途径上，"初中老师推荐"占比53.66%，"政府部门宣传"占比44.88%，"熟人推荐"占比26.83%，"开展'全免费订单职业教育精准脱贫班'的学校招生宣传"占比22.93%。由此可见，初中学校、政府和招生院校为招生宣传的主体单位。

从调研结果来看，学生和家长了解全免费订单职业教育精准脱贫班招生信息的主要途径是"初中老师推荐""政府部门宣传"和"开展'全免费订单职业教育精准脱贫班'的学校招生宣传"。相对学生而言，学生家长更加依赖于"政府部门宣传"。在家长问卷中，"政府部门宣传"的比例为44.88%，比学生问卷增加12.02%。由此可见，在全免费订单职业教育精准脱贫班的招生宣传中，必须重视政府的作用，招生的主要合作主体为初中学校和当地政府部门。

另外,除了传统的招生宣传途径以外,"报纸、网络等媒体"途径也达到了5%左右的比例。虽然其占比较小,但是考虑各传播渠道的成本因素,利用报纸、网络等媒体渠道也是不容忽视的招生宣传途径。

3. 学习生活的困难

本次调研的学生在学习和生活中的主要困惑,"经济困难"的占比67.89%,"知识、技能学习跟不上"的占比63.30%,其余困惑占比均较小。本次调研的贫困学生家长,了解中职免学费、国家助学金的资助政策的占比81.99%,不了解的占比18.01%。

结合学生个体访谈情况和问卷调查结果,课题组发现大多数的深度贫困家庭的学生都反映其家庭存在经济负担,并且在大部分学生家庭已知资助政策的情况下仍然对其经济状况非常担心。为了提高全免费订单职业教育精准脱贫班学生的学习效果,课题组认为学校在开办全免费订单职业教育精准脱贫班时应加强国家和学校资助政策的宣传力度;同时,除了一般的在免除学费和杂费的基础上,还应该适当增加对其生活的补助,并且提供勤工俭学机会,以切实增加对贫困学生的资助。

4. 学生培养难点

本次调研的教师对于全免费订单职业教育精准脱贫班课堂教学的难点反馈是,45.00%的教师认为"学生基础差",20.00%的教师认为"学生的积极性不高"。本次调研的合作用人单位对全免费订单职业教育精准脱贫班学生的培养建议反馈情况是,100.00%的用人单位提出应"加强职业素养教育"和"加强专业技能",75.00%的提出"加强理论知识教育"和"加强沟通与协调能力教育",25.00%提出"加强基础文化教育"和"加强创新创业教育"。

综合任课教师、用人单位的意见以及贫困家庭背景调查情况,课题组认为,由于家庭贫困原因,全免费订单职业教育精准脱贫班入读的学生普遍存在基础知识背景差,较难跟上正常班级教学进度的情况。因此,在制订学生的培养计划时,学校应具有针对性,确实考虑全免费订单职业教育精准脱贫班学生的实际情况;在培养内容上,应增加对其专业技能、职业素养方面的塑造,以确保教学效果与就业质量。

5. 学生就业问题

本次调研学生对于自己适合的职业发展方向,55.73%的学生不太了解,37.84%的学生了解。本次调研家长对于孩子毕业后的去向,54.63%的家长要看孩子的意愿,22.93%的家长想让孩子升学,22.44%的家长想让孩子直接就业。

综合学生的职业发展规划和家长对其毕业后的期望可见,近55%的家长会尊重学生的职业意愿,但是,近56%的学生自己却没有清晰的职业规划。因此,课题组认为,开办全免费订单职业教育精准脱贫班时,应加强对学生职业规划的引导,在教师和职业规划专家的指导下,帮助学生制定明确的职业规划,并结合用人单位的需求,增强培养的定向性特征;同时,加强对学生毕业后的跟踪工作,将学校的就业指导工作延伸至其毕业以后,对全免费订单职业教育精准脱贫班的毕业生进行动态辅导,以保证其就业的精准效果。

附录 F 课题开展过程的佐证材料

一、课题研究成果转载等情况汇总（如表 F-1 所示）

表 F-1 课题研究成果转载等情况汇总

日期	名称或内容提要	出版、转载、获奖、采纳或学术会议交流情况	材料形式
2018-10-04	扶智立志 绝不让贫困代际传递——贵州水利水电职业技术学院创新教育精准脱贫纪实	报道了我院在精准脱贫招生上的成果	《贵州日报》——水美贵州特别报道（整版）
2018-04-23	"校政企合作"贫困生就学就业两无忧	报道了我院精准脱贫招生情况	当代先锋网报道
2018-04-20	5家企业与贵州水院签约"全免费订单精准脱贫班"助山区孩子脱贫	报道了我院与企业合作招收贫困家庭学生情况	多彩贵州网报道
2018-04-21	贫困孩子就读 毕业就能就业	报道了我院精准脱贫班学生招生、就业方式	《贵阳晚报》报道
2018-04-20	精准脱贫班"牵手"三个贫困县 助力教育脱贫攻坚	报道了我院与贫困县合作，招收贫困家庭学生	《贵州教育报》报道
2018-04-21	免费进职校,精准脱贫"订单班"全省今年要招1万人	报道了我院针对精准脱贫学生的招生计划	贵州新闻联播报道

日期	名称或内容提要	出版、转载、获奖、采纳或学术会议交流情况	材料形式
2018-04-20	"手把手"带贫困生脱贫！贵州这所学院"牵手"贫困县助力教育脱贫攻坚	报道了我院与贫困县携手招收精准脱贫生	今贵州新闻报道
2018-04-21	贵州：全免费订单职业教育精准脱贫班落地	报道了我院精准脱贫班成立	人民网报道
2018-04-20	校企合作"全免费订单班"助力贵州职教扶贫	报道了我院全免费精准脱贫订单班情况	新华网报道
2018-04-20	"校政企合作"贫困生就学就业两无忧	转载了"当代先锋网"报道	《中国水利报》（转载）
2018-04-20	帝豪酒店校企合作协议	研究过程中达成的合作协议	合作协议
2018-04-20	佳都纺织工业校企合作协议	研究过程中达成的合作协议	合作协议
2018-06-13	建工集团校企合作协议	研究过程中达成的合作协议	合作协议
2018-04-20	中航电梯校企合作协议	研究过程中达成的合作协议	合作协议
2018-04-20	中天城投校企合作协议	研究过程中达成的合作协议	合作协议
2018-07-20	雷山县政府校政合作框架协议书	研究过程中达成的合作协议	合作协议
2018-04-10	黄平县政府校政合作框架协议书	研究过程中达成的合作协议	合作协议
2018-03-26	剑河县政府校政合作框架协议书	研究过程中达成的合作协议	合作协议

二、贵州水利水电职业技术学院案例的媒体报道示例（如图 F-1 所示）

图 F-1　贵州水利水电职业技术学院案例的媒体报道示例

三、贵州水利水电职业技术学院案例的现状介绍

2018年贵州水院的全免费订单职业教育精准脱贫班招生任务数为300人。春季招生,清镇校区166人;秋季招生,龙里校区72人,清镇校区69人;全年招生共计8个班,合计完成307人。贵州水院全免费订单职业教育精准脱贫班生源地及生源地人数,如图F-2所示。

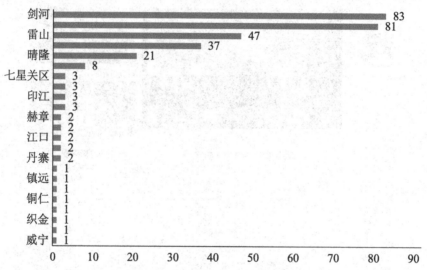

图F-2 贵州水院全免费订单职业教育精准脱贫班生源地及生源地人数(单位:人)

从2018年2月起,贵州水院先后与三都水族自治县、剑河县、黄平县、雷山县、晴隆县人民政府签署了校政合作框架协议,并与中天城投集团物业管理有限公司、东莞帝豪花园酒店、东莞市佳都纺织科技有限公司、贵州中航电梯有限责任公司、贵州建工集团有限公司5家企业签订校企合作协议。贵州水院全免费订单职业教育精准脱贫班开办规模,如表F-2所示。

表 F-2　贵州水院全免费订单职业教育精准脱贫班开办规模（单位：人）

序号	班级名称	涉及学校专业	班级人数
1	剑河酒店帝豪 全免费订单职业教育精准脱贫班	酒店服务与管理专业	51
2	剑河中天 全免费订单职业教育精准脱贫班	楼宇智能化设备安装与运行专业	28
3	三都水族中天 全免费订单职业教育精准脱贫班	楼宇智能化设备安装与运行专业	37
4	黄平中天 全免费订单职业教育精准脱贫班	楼宇智能化设备安装与运行专业	50
5	北京世纪国源 全免费订单职业教育精准脱贫班	建筑工程施工专业	23
6	建工集团 全免费订单职业教育精准脱贫班	建筑工程施工专业	46
7	中航电梯 全免费订单职业教育精准脱贫班	供用电技术专业	34
8	佳都骨干 全免费订单职业教育精准脱贫班	服装制作与生产管理专业	38

参考文献

[1] 中共中央 国务院印发《中国农村扶贫开发纲要（2011—2020年）》[EB/OL]. http://www.gov.cn/gongbao/content/2011/content_2020905.htm.2011-12-01.

[2] 新华网. 授权发布：中共中央 国务院关于打赢脱贫攻坚战的决定[EB/OL]. http://www.xinhuanet.com//politics/2015-12/07/c_1117383987.htm.2015-12-07.

[3] 凤凰网. 习近平：未来5年让7000多万贫困人口全部脱贫[EB/OL]. http://news.ifeng.com/a/20151016/45201287_0.shtml.2015-10-16.

[4] 中国共产党新闻网. 习近平首次集中阐述"四个全面"宣示治国理政全新布局[EB/OL]. http://cpc.people.com.cn/xuexi/n/2015/0203/c385474-26498838.html.2015-02-03.

[5] 国务院扶贫开发领导小组办公室. 深化精准扶贫的路径选择——学习贯彻习近平总书记近期关于脱贫攻坚的重要论述[EB/OL]. http://www.cpad.gov.cn/art/2017/7/4/art_56_65181.html.2017-07-04.

[6] 中华人民共和国教育部. 2017减贫与发展高层论坛教育扶贫论坛召开——发展职业教育、助力脱贫攻坚[EB/OL]. http://www.moe.gov.cn/jyb_xwfb/gzdt_gzdt/moe_1485/201710/t20171010_315977.html.2017-10-10.

[7] 贵州民族报. 贵州省教育精准脱贫规划方案（2016—2020年）

［EB/OL］. http://dzb.gzmzb.com/P/Item/24888.2016-02-24.

［8］人民网. 人民日报评论员：贵在精准　重在精准［EB/OL］. http://opinion.people.com.cn/n/2015/0626/c1003-27209860.html.2015-06-26.

［9］Sen A. Development as Freedom. Oxford University Press.1999.

［10］Alkire S. Foster J.：Counting and Multidimensional Poverty Measurement. OPHI Working Paper Series.2008.

［11］王峰. 参与式治理视野下贫困地区农民参与扶贫项目的机制研究［J］. 中国集体经济，2018（9）:12-13.

［12］王峰. 参与式治理视野下贫困地区农民参与扶贫项目的机制研究——一种参与式发展理念的引入应用［J］. 中国集体经济，2018（15）:12-13.

［13］李鸥. 叶兴建. 农村精准扶贫：理论基础与实践情势探析［J］. 福建行政学院学报，2015（2）:26-54.

［14］梁炯. 农村精准扶贫理论溯源与实践情势探析［J］. 财讯，2018（21）:98-99.

［15］李倩. 秦巴连片特困区生态减贫模式及实现机制研究——以白河县为例［D］. 西安：西安建筑科技大学，2014:4.

［16］张丽娜，等. 国外农村扶贫的三种主要模式［J］. 党政视野，2016（7）:46.

［17］苟文勤. 精准扶贫实践进程中的社会工作介入研究——以甘肃省J县为例［D］. 兰州：甘肃政法学院，2017:4.

［18］邓瑶. 借国外扶贫开发政策之力推进我国扶贫工作跨越式发展［J］. 商业文化，2011（6）:317.

［19］范平安. 发达国家农村职业教育的质量保障及启示［J］. 上饶师范学院学报，2008（2）:71-74.

[20] 李崟. 发达国家农村职业教育对我国新农村建设下农村职业教育的启示 [J]. 才智，2009（7）:148-149.

[21] 孙建华. 韩国职业教育对我国农村职业教育发展的启示 [J]. 农业科技通讯，2007（9）:30-32.

[22] 杨敬雅，刘福军. 国外现代职业教育发展分析及对我国的启示 [J]. 教育与职业，2014（6）:21-23.

[23] 刘颖. 发达国家农村职业教育研究评述及对我国的启示 [J]. 职教论坛，2015（6）:86-96.

[24] 吴青峰. 武陵山区地方高校人才培养适切性研究 [M]. 上海：上海交通大学出版社，2015.

[25] 吴青峰. 民族地区地方高校人才培养适切性研究 [D]. 长沙：湖南师范大学，2014:22.

[26] 冯国凡，高小和. 西部职业教育策略 [M]. 乌鲁木齐：新疆人民出版社，2004.

[27] 邹文宽. 精准扶贫 SWOT 分析——以进贤县为例 [J]. 老区建设，2016（10）:14-16.

[28] 唐智彬，刘青. "精准扶贫"与发展定向农村职业教育——基于湖南武陵山片区的思考 [J]. 教育发展研究，2016（7）:80-83.

[29] 朱爱国. 基于精准视阈的职业教育扶贫策略探究 [J]. 学者论坛，2016（1）:4-7.

[30] 程华东. 高校教育精准扶贫模式探究——以华中农业大学精准扶贫建始县为例[J]. 华中农业大学学报（社会科学版），2017(3):17-22.

[31] 谢德新. 职业教育精准扶贫的理论基础、涵义阐释与功能定位 [J]，职教论坛，2018（3）:6.

[32] 舒尔茨. 人力资本投资 [M]. 北京：商务印书馆，1984:38.

[33] 王大江. 职业教育精准扶贫：理论基础、实践效能与推进措施 [J]. 职业技术教育, 2016（34）:47-52.

[34] 王明杰, 郑一山. 西方人力资本理论研究综述 [J]. 中国行政管理, 2006（8）:92-95.

[35] 阿马蒂亚·森. 以自由看待发展 [M]. 任赜, 于真, 译. 北京: 中国人民大学出版社, 2002:62.

[36] 尹飞霄. 人力资本与农村贫困研究：理论与实证 [D]. 南昌: 江西财经大学, 2013:34.

[37] 江山. 国外动态贫困研究的发展与述评 [J]. 兰州学刊, 2009（3）:138-142.

[38] Gradstein M, Justman M. Democratic Choice of an Education System: Implications for Growth and Income Distribution [J]. Journal of Economic Growth, 1997（2）:169-183.

[39] Cooley T F, Smith B D. Financial Markets, Speciation and Learning by Doing [J]. Research in Economic, 1998（55）:559.

[40] 廖倩. 精准扶贫视角下贫困地区职校教师队伍建设研究——基于"S市职校教师工作满意度"的调查分析 [J]. 广西社会科学, 2017（11）:206-211.

[41] Preece J, Veen R V. Adult Education and Poverty Reduction [J]. Conference Position Paper, 2002.

[42] OECD. Starting Strong Ⅲ: Early Childhood Education and Care [M]. Paris:OECD, 2012.

[43] 沈剑光. 中国职教学会副会长沈剑光：职教扶贫如何精准施策精准落地 [EB/OL]. http://www.chinazy.org/models/adefault/news_detail.aspx?artid=65370&cateid=1539.2017-12-26.

[44] 河南省教育厅. 关于印发《职业教育"精准脱贫技能培训班"实施方案》的通知[EB/OL]. http://www.haedu.gov.cn/2016/07/19/1468910103014.html.2016-07-19.

[45] 河南省教育厅. 关于认真做好2017年职业教育精准脱贫技能培训工作的通知[EB/OL]. http://www.haedu.gov.cn/2017/05/11/1494478304169.html.2017-05-11.

[46] 崔长青, 刘宏. 职业教育+精准扶贫——张家界市统一战线参与"一家一"项目综述[EB/OL]. http://news.sina.com.cn/o/2015-12-04/doc-ifxmihae8942235.shtml.2015-12-04.

[47] 网易新闻. 广西出台教育精准脱贫实施方案[EB/OL]. http://news.163.com/16/0717/18/BS6PI77H000146BE.html.2016-07-17.

[48] 网易新闻. 杜绝"穷二代"教育[EB/OL]. http://news.163.com/15/1115/21/B8G9MCLR00014JB6_all.html.2015-11-16.

[49] 四川职教网. 四川三河职业学院多措并举开展教育扶贫、助力脱贫攻坚工作纪实[EB/OL]. http://www.sczjw.com.cn/article_info.aspx?category_id=75&id=6086.2018-05-24.

[50] 中国青年网. 云南: "青春起航"教育精准扶贫班开班[EB/OL]. http://qnzz.youth.cn/place/shengji/201809/t20180903_11716459.htm.2018-09-04.

[51] 中国职业技术教育网. 甘肃省泾川县职业教育中心: 职业教育助力精准扶贫的样板工程[EB/OL]. http://jc.chinazy.org/platform/service/zxnews/shtml/201806/13867.shtml.2018-06-15.

[52] 人民网. 贵州职业教育精准脱贫班2018年招生1万人[EB/OL]. http://gz.people.com.cn/n2/2018/0105/c358160-31110501.html.2018-01-05.

［53］贵州综合信息网. 2018 年上半年贵州省主要经济指标与西部地区各省区市比较分析［EB/OL］. http://www.gzic.gov.cn/html/2018/dsjyj_0809/701.html.2018-08-09.

［54］王扬南，刘宝民. 中国中等职业教育质量年度报告 2018［M］. 北京：高等教育出版社，2018:11.

［55］孟凡华，任志楠. 教育拔穷根职教先冲刺——职业教育精准扶贫的贵州实践［J］. 职业技术教育，2016（12）:18-21.

［56］土介勇，陈玉福，严茂超. 我国精准扶贫政策及其创新路径研究［J］. 中国科学院院刊，2016（3）:289-295.

［57］杨慧婷. 高职院校专业设置的问题与策略——以贵州某学院为例［J］. 才智，2017:180-181.

［58］李晓菁. 福建职业教育精准扶贫探析［J］. 海峡科学，2018（7）:84-86.